INTRODUCCION A LA BIBLIA 101 PREGUNTAS Y RESPUESTAS

Juan Alfaro O.S.B.

LIGUORI
PUBLICATIONS

One Liguori Drive
Liguori, Missouri 63057-9999
(314) 464-2500

Imprimi Potest:
James Shea, C.SS.R.
Provincial de la Provincia de St. Louis
Los Redentoristas

Imprimátur: Edward J. O'Donnell, D.D.
Obispo Auxiliar, Arquidiócesis de St. Louis

ISBN 0-89243-790-1
Número de catálogo de la Biblioteca
del Congreso: 94-73014
Propiedad literaria ©1994, Liguori Publications
Impreso en Estados Unidos
Primera Edición

Todos los derechos reservados. Ninguna parte de este libro puede ser reproducido, guardado en un sistema de computadora o transmitido sin el permiso por escrito de Liguori Publications.

Los textos de las Escrituras citados en esta obra han sido tomados de la *Biblia Latinoamericana* propiedad literaria ©1972, Ediciones Paulinas, Madrid, España, y son usados con permiso. Todos los derechos reservados.

Diseño de la portada: Wendy Barnes

*Dedicado con amor y respeto a S.S. Juan Pablo II,
Pastor y maestro de la Iglesia Universal*

Introducción

Durante más de diez años, en innumerables cursos de Biblia para millares de personas en los Estados Unidos y México he ido recogiendo las preguntas de la gente sencilla sobre la Biblia. Muchas de estas preguntas reflejan los deseos, angustias y preocupaciones del pueblo sencillo, especialmente cuando vive en contacto con enemigos de la fe católica. De entre más de 500 preguntas, he escogido 101 que parecen más importantes, ya por la insistencia con que se hacen, ya por su contenido teológico y apologética.

Este libro está preparado teniendo en cuenta a aquellas personas que no tienen oportunidad de asistir a cursos bíblicos especializados, pero que sienten una fuerte necesidad espiritual de familiarizarse más con la Palabra de Dios.

En las respuestas se ha procurado respetar profundamente el hecho de que la Biblia es la Palabra de Dios escrita a través de medios humanos. Así como el Hijo de Dios se hizo hombre y se encarnó en un pueblo concreto, una cultura y un tiempo determinados, así también su Palabra se fue humanizando a través de los siglos, haciéndose parte de la literatura de ese pueblo, con todas las limitaciones humanas que esto llevaba consigo. Las respuestas se han escrito con una fe profunda en la doble dimensión humano-divina de la Biblia, y se espera que sean leídas desde el mismo punto de vista de fe, especialmente en aquellos casos en los que una dimensión parece predominar sobre la otra.

Las respuestas han sido escritas en un lenguaje sencillo y accesible al pueblo. Se ha hecho un esfuerzo consciente para no disminuir su contenido científico y teológico, fundado en los conocimientos de la exégesis bíblica moderna. Es mi deseo que estas respuestas ayuden a comprender mejor la economía de la salvación narrada y explicada por los autores sagrados, para así apreciar mejor el valor perenne de los libros inspirados por Dios; porque "Todos los textos de la Escritura son inspirados por Dios y son útiles para enseñar, rebatir, corregir y guiar en el bien. La Escritura hace perfecto al hombre de Dios y lo deja preparado para cualquier buen trabajo" (2 Tim 3,16-17).

~ I ~
Temas Generales

1. ¿Cómo podemos saber si una Biblia es buena?

Todo depende de lo que se quiere decir por buena. Una viejita me dijo un día que, por fin, había encontrado una Biblia muy buena. Para ella era muy buena porque tenía la letra tan grande que no necesitaba los lentes para leerla. Otros pueden decir que una Biblia es buena porque es barata. Yo podría mencionar por lo menos cuatro criterios básicos y objetivos para decidir si una Biblia es buena:

a) Traducción: Nuestras Biblias son traducciones de textos sagrados escritos originalmente en hebreo y griego. Si el texto de nuestra Biblia reproduce con exactitud el sentido del texto original, la Biblia será buena en cuanto a la traducción. Según este criterio, la Nueva Biblia Española es excelente.

b) Vocabulario: Como nuestras Biblias son traducciones hechas para pueblos o grupos determinados, el lenguaje de la traducción tendrá que adaptarse al vocabulario y a la terminología del pueblo para el que se destina la Biblia. Según este criterio, la Biblia Latinoamericana es excelente para los pueblos hispanos en general, mientras que la Nueva Biblia Española o la Biblia de Nacar-Colunga podrán ser mejores para los españoles.

c) Anotaciones: Toda buena Biblia debe tener anotaciones que ayuden a entenderla mejor. Durante siglos, toda Biblia católica en lengua vernácula debía ir acompañada de introducciones y notas apropiadas. Según este criterio, la Biblia de Jerusalén es la mejor por sus notas científicas y por sus anotaciones o referencias marginales, que indican los textos bíblicos paralelos, mientras que la Biblia Latinoamericana es la mejor por sus notas pastorales para el pueblo.

d) Ayudas interpretativas: Hay Biblias que tienen gran cantidad de mapas, fotografías, índices, subtítulos, diversas clases de letra, etc., que facilitan en gran manera la lectura, y ayudan a entender mejor el texto bíblico. Según este criterio, hay bastantes Biblias buenas, especialmente la Biblia Latinoamericana. Este criterio no tiene el mismo valor que los anteriores.

2. ¿En qué se diferencia una Biblia católica de las demás Biblias?

En general, una Biblia católica suele llevar en sus primeras páginas el Imprimátur o autorización de un obispo católico para que se imprima. Una Biblia católica, además, se reconoce fácilmente porque contiene algunos libros del Antiguo Testamento que no se encuentran en otras Biblias, o que se encuentran en ellas pero en lugar aparte. Estos libros son: Sirach (Eclesiástico), Baruc, Tobías, Judit, Ester, secciones de Daniel, 1 y 2 Macabeos, Sabiduría. Estos libros son llamados deuterocanónicos por los católicos, y apócrifos por otras personas. La Iglesia católica los reconoce como inspirados por el Espíritu Santo, porque formaban parte de la Biblia traducida al griego y que fue usada por los apóstoles y los primeros cristianos. Además, los escritores del Nuevo Testamento los citan numerosas veces, considerándolos Palabra de Dios. Otros grupos solamente reconocen como inspirados los libros del Antiguo Testamento, que se escribieron originalmente en hebreo, y no los que se escribieron en griego.

3. ¿Cuántos libros tiene la Biblia?

La Biblia católica contiene 73 libros, de los cuales 46 son del Antiguo Testamento y 27 del Nuevo Testamento. En algunas publicaciones se dice que la Biblia contiene 72 libros, porque, siguiendo al Concilio de Trento, consideran la profecía de Jeremías y el libro de las Lamentaciones como un solo libro. Hay quienes cuentan a Baruc aparte de Jeremías, y entonces dicen que la Biblia tiene 74 libros.

La mayor parte de las Biblias protestantes antiguas tenían 66 libros, de los cuales 39 eran del Antiguo Testamento. Esto se debía a que excluían de la Biblia los llamados libros deuterocanónicos, ya porque dudaban de su inspiración, ya porque los consideraban de diferente dignidad. Aunque también dudaban de la dignidad de algunas cartas del Nuevo Testamento, no llegaron a omitirlas. Las Biblias protestantes más recientes suelen poner los libros deuterocanónicos en una sección entre los dos Testamentos. La Iglesia católica, siguiendo la tradición y la opinión de la mayoría de los Padres y doctores, los consideró siempre como inspirados, y los citó constantemente a lo largo de los siglos. (Véase también la pregunta anterior.)

4. ¿Cómo se escribió la Biblia?

Hay que tener presente que el autor divino de la Biblia es Dios, quien, por el Espíritu Santo, inspiró a escritores humanos. Los escritores humanos fueron muchos y fueron personas de formación e ideas muy variadas.

En el Antiguo Testamento es muy importante tener en cuenta que la mayoría de los libros son una colección de materiales escritos por manos muy diversas. Una lectura a la ligera de Isaías muestra que diversas partes del libro se escribieron a lo largo de 200 años, naturalmente por autores diversos. Esta diversidad puede apreciarse gráficamente. Por ejemplo, en el Génesis: la edición latinoamericana de la Biblia, cuando es posible, ha usado diferente tipo de letra para mostrar que las partes del texto actual provienen de manos o tradiciones diferentes. Cuando el compilador tenía dos historias parecidas sobre el mismo tema, unas veces las colocó una a continuación de otra (por lo que tenemos dos narraciones diversas de la creación, en los dos primeros capítulos del Génesis), y otras veces las combinó de moda que formaran una sola historia (este es el caso con las dos narraciones originales del diluvio). A lo largo de los siglos, las historias fueron escritas otra vez, añadiendo detalles e interpretaciones y modificando los textos anteriores, hasta darles la unidad y forma que tienen actualmente, que es la misma que tenía ya en tiempos de Jesús y de los apóstoles.

5. ¿Qué quiere decir que la Biblia es inspirada?

Al decir que la Biblia es inspirada, se quiere decir que es una obra producida por inspiración del Espíritu de Dios. La inspiración divina es la acción o influjo por la cual Dios iluminó el entendimiento de los autores, y movió su voluntad para que expresaran la verdad que él quiso.

La Sagrada Escritura en muchos textos afirma que ha sido escrita por inspiración de Dios, o por hombres movidos por el Espíritu Santo:

"Sépanlo bien: nadie puede interpretar por sí mismo una profecía de la Escritura, ya que ninguna profecía proviene de una decisión humana, sino que los hombres de Dios hablaron, movidos por el Espíritu Santo" (2 Pe 1,20).

Los hombres fueron como instrumentos en manos de Dios. Así como nosotros usamos lápiz, pluma o pincel, Dios usó personas, con diferentes cualidades y talentos, que escribieron a su modo. Pero el mensaje provenía de Dios a través de ellos. Dios hizo esto respetando su libertad. Los libros de la Biblia tienen autores humanos diferentes, pero toda ella tiene un solo autor divino: Dios.

La doctrina de inspiración tiene semejanzas lejanas en la literatura egipcia, que creía que los escritores eran guiados, o escuchaban a los dioses. Los griegos creían que las musas inspiraban especialmente a los poetas; los aztecas creían que había hombres con corazones endiosados, los poetas, que en lo profundo de su corazón descubrían una inspiración divina. La inspiración bíblica es algo mucho más profundo y sublime.

Dios sigue hablando hoy a cada persona, a través de los libros sagrados, del mismo modo que comenzó a hablar desde el momento en que fueron escritos.

6. ¿Ha dado alguna norma el Concilio Vaticano II para interpretar la Biblia?

El Concilio Vaticano II ha dado una nueva perspectiva para interpretar la Biblia. El texto actual del decreto del Concilio sobre la Divina Revelación fue escrito después de tres redacciones, que reflejan tres modos de interpretar la Biblia a través de los siglos. Los tres modos son parcialmente válidos, y todos contienen parte de la verdad; pero el tercero es el mejor, ya que sale al paso a las necesidades y los problemas del mundo en que vivimos:

1. La Biblia es Palabra de Dios, alimento espiritual, carta de Dios a los hombres, etc.
2. La Biblia es la historia sagrada del pueblo escogido providencialmente por Dios para ser canal e instrumento de salvación para todos los pueblos.
3. La Biblia contiene la historia de la salvación de los pueblos, cuenta las formas en que Dios se relaciona con los hombres y las mujeres de todo tiempo. Israel es el modelo de lo que Dios hace con cada uno de los

pueblos. Se estudia la Biblia para poder descubrir la mano de Dios en nuestra propia vida e historia.

El Concilio Vaticano II aconseja buscar atentamente lo que quisieron realmente significar los autores, y lo que Dios manifestó a través de sus palabras. Para ello hay que tener en cuenta los géneros literarios, o los estilos de escribir del tiempo de los autores. Hay que leer e interpretar la Biblia con el mismo espíritu con que fue escrita, teniendo en cuenta el resto de las verdades de la Biblia y la tradición viva de la Iglesia. Toda interpretación debe estar siempre sometida al juicio de la Iglesia, a la cual toca, de un modo especial, custodiar e interpretar la Palabra de Dios (D.V., 12).

7. ¿Qué se debe incluir en un buen estudio de la Biblia?

Todo dependerá de la clase de grupo, o de las personas que participen en el estudio bíblico, así como de su nivel religioso y académico. Algunos de los siguientes puntos deberán ser generalmente incluidos:

1. Una introducción general sobre la historia de Israel y de los pueblos circunvecinos, sobre las costumbres, instituciones religiosas, sociales y políticas, sobre los géneros literarios y las estructuras de los diferentes libros.

2. Los grandes personajes y modelos de los dos Testamentos: Adán, Noé, Abraham, José, Moisés, David, Jeremías, María, Pablo, etc.

3. Los grandes temas bíblicos y las expresiones que manifiestan las realidades espirituales presentes en el plan de Dios: promesa, alianza, pecado, pueblo, ley, éxodo, tierra, prometida, esperanza, salvación, Reino de Dios, redención, bienaventuranzas, caridad, pobres, prójimo, etc.

4. Las imágenes y símbolos más importantes que encarnan las realidades espirituales: luz, vida, agua, desierto, viña, banquete de bodas, pastor, etc.
5. La presencia de Dios en las historia de Israel, de la Iglesia y del mundo, comparando y aprendiendo del modo como Israel descubrió la mano de Dios en las etapas de su historia, para poder descubrir la mano de Dios en nuestra propia historia.

8. ¿Qué consejos se podrían dar a una persona que desea estudiar bien la Biblia?

La pregunta es bastante amplia, por lo que se podrían dar muchos consejos para cada paso del estudio, especialmente teniendo en cuenta la persona que estudia. Lo mejor y más seguro sería el tener un buen maestro (ver He 8, 30-31). Pero ya que esto no es fácil de encontrar, de modo general, algunos de los principales consejos para un buen estudio serían los siguientes:

1. Comenzar con una oración para que el mismo Espíritu, que inspiró al escritor, inspire también al lector.
2. Estudiar en comunidad o en grupo, ya que los libros sagrados se escribieron para grupos, más que para individuos. Además, muchas mentes piensan mejor que una sola.
3. Usar una buena Biblia católica con introducciones y notas.
4. Leer con fe, con actitud amorosa y de escucha. La lectura cristiana tiene siempre presente que todo texto está de algún modo ligado a Cristo, que es el centro y la clave de toda buena interpretación.
5. Limitarse por algún tiempo a un solo libro de la Biblia para darse cuenta mejor de sus características, formas de expresarse y unidad.

6. Estudiar cada vez un pasaje breve y bien definido al comienzo y al final.
7. Fijarse bien en el contexto que antecede y sigue al pasaje escogido para el estudio, para que sirva de marco de referencia en la interpretación.
8. Leer el texto fijándose en la forma de la narración (milagro, parábola, leyenda, poesía, etc.), en las palabras repetidas o favoritas del escritor, en las fórmulas y expresiones especiales, en la asociación y orden de las ideas, etc.
9. Preguntarse con qué fin escribió el autor el texto, qué problemas trataba de resolver, o qué necesidades quería remediar.
10. Preguntar: ¿Qué nos diría hoy a nosotros el escritor, teniendo en cuenta lo que dijo en el texto que se acaba de estudiar?
11. Consultar un diccionario bíblico, una concordancia bíblica y un comentario al libro que se estudia.
12. Tener en cuenta que la Sagrada Escritura es Buena Noticia para los pobres, y que no se puede interpretar bien sin tenerlos a ellos en cuenta.

9. ¿Qué peligros hay que evitar al estudiar la Biblia?

Los peligros principales que surgen en un estudio bíblico se basan generalmente en no seguir los consejos mencionados en la pregunta anterior, ya que, al pasar por alto cualquiera de ellos, se crean problemas para una buena interpretación bíblica. Teniendo en cuenta lo que suele suceder en muchos estudios bíblicos, los peligros más importantes son los siguientes:

1. Tener un mal maestro, o uno sin suficiente preparación técnica y crítica.

2. Juntarse a un mal grupo, o a un grupo que tiene miras sectarias o ciertos intereses especiales.
3. Leer superficialmente, o con rapidez.
4. Leer el texto bíblico como si se hubiera escrito hace diez años, y no tener en cuenta que se escribió hace dos mil o tres mil años.
5. Ignorar lo que los expertos en Biblia han descubierto o probado con respecto al texto bajo estudio.
6. No fijarse en formas y estructuras, o en las fórmulas usadas por el escritor.
7. Mezclar citas y textos de procedencia diversa. Por ejemplo, tratar de interpretar a San Juan por San Mateo, y viceversa.
8. Interpretar todo literalmente, no fijándose adecuadamente en la libertad y creatividad de los escritores.
9. Estudiar para satisfacer la curiosidad y la inteligencia, sin tener en cuenta que los libros sagrados se escribieron para guiar y modelar la vida del lector.

10. ¿Qué puedo hacer cuando, al estudiar la Biblia, encuentro un pasaje que no entiendo?

Esta pregunta habría que responderla de modo diverso para cada persona, ya que las razones por las que no se entiende la Biblia pueden ser muy variadas, y dependerán, en parte, del nivel cultural y religioso de la persona, así como de su manera de vivir.

Si la persona no entiende el texto a causa de las palabras que en él aparecen, por ser raras o extrañas, la solución sería buscar en algún diccionario o comentario las explicaciones necesarias. También es muy conveniente usar una Biblia que tenga

anotaciones, ya que los textos más difíciles suelen llevar explicaciones. Otras normas a tener en cuenta son las siguientes:
- Si un pasaje no se entiende bien la primera vez que se lee, conviene volver a leerlo varias veces. Tratar de ver si hay palabras claves, o más importantes, que puedan servir de guía para la interpretación.
- Tratar de recordar si hay algún texto parecido, o alguna doctrina semejante en otra parte de la Biblia, que pueda servir de referencia.
- Preguntar a otras personas, especialmente a sacerdotes y religiosas, o personas que conocen bien la palabra de Dios. Tener en cuenta que hay algunos textos que son muy difíciles de entender, a causa de la distancia de tiempo y cultura que nos separa de los autores.
- Recurrir siempre a la oración, para que el Señor nos ilumine.

11. Si sólo el Magisterio de la Iglesia puede interpretar el sentido de la Biblia, ¿por qué en los grupos de oración cada uno interpreta lo que Dios dice en ella?

El Magisterio de la Iglesia puede interpretar la Biblia oficialmente y sin error. Pero también cualquier persona que tenga fe, sentido común y ciertos conocimientos sobre las condiciones del tiempo en que se escribió la parte de la Biblia que se considere, podrá dar una interpretación correcta.

La Iglesia ha interpretado oficialmente sólo una decena de textos, y con respecto a los demás dice que se interprete de acuerdo a los conocimientos científicos, siguiendo las enseñanzas de los Santos Padres de la Iglesia. Toda interpretación puramente humana, desligada de la fe y de la tradición de la Iglesia, está sujeta a error o a imperfecciones.

En algunos grupos de oración, por desgracia, a veces hay mucha fe, pero poco sentido común, y menos conocimiento de las condiciones del tiempo y de la situación del autor que escribía. Tampoco se conocen muy bien las enseñanzas e interpretaciones de la traducción de los Santos Padres de la Iglesia. Por ello, en esos grupos de oración, se da lo que algunos han llamado ignorancia compartida, ya que el don del Espíritu Santo no viene a suplir (generalmente) la falta de ciertos conocimientos básicos.

Es, pues, muy importante que antes de una junta de oración se preparen y estudien los textos bíblicos que se vayan a usar, recurriendo a libros y comentarios bíblicos, o teniendo un buen guía o maestro (no un ciego que guíe a otro ciego...). En la junta, en una atmósfera de fe y oración, se podrá reflexionar sobre lo que esos textos dicen para la situación y los problemas de los participantes. Es muy importante el atenerse a lo que el texto dice en su sentido literal, para no salirse por la tangente, y dar como doctrina e interpretación bíblica lo que no pasa de ser opiniones personales.

12. ¿A quién se le ocurrió dividir la Biblia en capítulos y versículos?

La división de la Biblia en capítulos y versículos es de gran importancia para poder encontrar fácilmente cualquier texto que se busque. En algunas ediciones de la Biblia (en casos contados), se ha cambiado el orden de algunos versículos, para que se entienda mejor (esto sucede en los profetas y algunos salmos), ya que al copiar la Biblia a mano, a través de los siglos, perece ser que los copistas a veces se equivocaban. Los salmos, según la Biblia, tiene dos numeraciones, la antigua y la moderna, que corresponde mejor a la numeración original de la Biblia hebrea.

Las primeras divisiones de la Biblia se hicieron por motivos litúrgicos, para señalar los textos que había que leer en la sinagoga y, más tarde, en la Iglesia. La división moderna en capítulos a veces es desafortunada, y hay que prescindir de ella, ya que a veces un tema importante está cortado en dos capítulos. Esta división se atribuye a Esteban Langton (+1228), que fue profesor en París y más tarde arzobispo de Canterbury. Posiblemente él se limitó a publicar y a mejorar una división que existía anteriormente. La división del Antiguo Testamento en versículos la hizo el domínico Santos Pagnini, en 1528. El editor Roberto Etienne, de París, adoptó la división de Pagnini para el Antiguo Testamento, y añadió la división en versículos del Nuevo Testamento, en la edición de la Biblia de 1555.

13. ¿Habrá otros libros inspirados por Dios en otras religiones?

Los musulmanes, budistas, hindúes y muchos otros grupos religiosos, además de los judíos y cristianos, creen que sus respectivos libros religiosos provienen de la inspiración divina. Los antiguos egipcios creían que sus escribas y letrados eran inspirados y guiados por los dioses, mientras que los aztecas creían que había hombres con corazones endiosados (especialmente los poetas) que gozaban de una inspiración divina.

La Biblia goza de una inspiración, divina y única, del Espíritu Santo. Al decir esto no negamos que otros libros tengan una inspiración que pueda llamarse "divina" y que a través de ellos Dios, providencialmente, haya guiado a pueblos de diversas razas culturas. La Biblia es el único libro sobre el cual tenemos una certeza absoluta, que proviene de la experiencia vivida de la fe fundada en la Palabra de Dios.

Esta doctrina que acabamos de exponer supone que la mano de Dios ha guiado la historia de cada pueblo de modo paralelo a como guió a Israel: a cada nación o grupo, Dios ha dado su tierra, le ha definido sus fronteras y los períodos de su historia, ha enviado líderes, profetas, sabios, y hasta les ha dado "escrituras" para guiarlos en el camino hacia él. Israel es el caso modelo y oficial de cómo trata Dios a cada pueblo. (He 17,26).

Para poder descubrir la mano divina en las escrituras de otras religiones, éstas deberán ser examinadas a la luz de la Biblia. Del mismo modo que, para descubrir la mano divina en la historia de los pueblos y en los sucesos de la vida, hace falta verlos teniendo en mente la perspectiva bíblica del modo en que Dios obra con su pueblo y con todos los pueblos.

~ II ~
Antiguo Testamento

14. ¿Fue verdad la historia de Adán y Eva o es sólo un ejemplo para nuestra enseñanza?

La historia de Adán y Eva es a la vez verdad y ejemplo, para que entendamos las consecuencias del pecado. Es una historia que de diverso modos sucedió, y continúa sucediendo a lo largo de los tiempos: hombres y mujeres se tientan mutuamente, cooperan en el pecado, y después, en lugar de convertirse, procuran disculparse, echándose mutuamente la culpa. Todos pecamos, como Adán y Eva, y se podría decir que el mundo sigue lleno de adanes y de evas.

Al contar la historia de Adán y Eva el escritor sagrado parece hacerse eco del proverbio "de tal palo tal astilla": si así son los hijos (de Adán y Eva), así serían sus padres. Así lo fueron.

15. ¿Es verdad que habrá un paraíso terrenal?

Aunque es verdad que como cristianos deseamos ir al paraíso (como fue el buen ladrón, según la promesa de Jesús), hay que tener en cuenta que la palabra paraíso no se refiere a la misma realidad de que se habla en el Génesis 2-3. Aquel primer paraíso era de la tierra, terrenal, mientras que los cristianos esperamos un paraíso celestial con Cristo, en la gloria, en comunión con Dios.

Jesús, después de su muerte, se fue al Padre (Jn 13,1) o a los Cielos, a la gloria, al paraíso, etc. Todos estos términos designan una misma cosa, que es una realidad espiritual de amistad y comunión eterna con Dios y en Dios. Los cristianos seguiremos los paso de Jesús. Dios crea un Cielo Nuevo y una tierra nueva, un nuevo paraíso, totalmente diferente y superior a todo lo que hay o hubo aquí en la tierra. Lo que Dios nos tiene preparado supera toda imaginación y toda la historia pasada, que solamente puede ofrecernos puntos de referencia lejanos para describir lo que será el futuro de Dios y en Dios.

16. ¿Qué representa la serpiente que tentó a Adán y a Eva?

La interpretación más generalizada sostiene que la serpiente representa al demonio, que es el verdadero tentador de todo ser humano (Mt 4,3; Ap 12,9).

Hay autores que ven en los primeros capítulos del Génesis una narración simbólica de la historia del pueblo de Israel: Dios creó a su pueblo y lo puso en el jardín de la tierra prometida. Allí fue tentado y pecó, por lo que fue expulsado de la tierra. Fue barrido por el diluvio y por la invasión del rey de Babilonia, y acabó siendo llevado cautivo fuera de su tierra, a un lugar donde en cierto modo experimentó la situación de la torre de Babel. A la luz de la historia de Israel, la serpiente puede muy bien ser una alusión y un símbolo que evoca la tentación que sufrieron los judíos, cuando se sentían atraídos por los ritos de la fertilidad de los pueblos vecinos. Esos ritos que tentaban a Israel estaban simbolizados por una serpiente (ver Dt 23,18; 1 Re 15,12; 22,47; 2 Re 23,7; etc.).

Hay que tener siempre en cuenta que la historia de las

relaciones del hombre con Dios continúas aún, y que los más importante hoy para nosotros es identificar a la serpiente que tienta hoy a la humanidad: el placer, el egoísmo, el materialismo...

17. ¿Cómo sería el mundo si Adán no hubiera pecado?

Eso es muy difícil de imaginar y de responder. Quizás podríamos, mejor, poner la pregunta en el presente: ¿Cómo cambiaría nuestro mundo, si se quitara el pecado? Esta pregunta está más de acuerdo a la mentalidad con la que se escribió la Biblia.

Nos podríamos imaginar, en primer lugar (según el ideal del paraíso del Génesis) un mundo perfectamente bajo el control de los hombres, y para su servicio, en amistad con Dios, de tal modo que su presencia amorosa se sintiera entre nosotros; un mundo en el que el trabajo no sería duro y doloroso y a veces estéril o inútil; un mundo lleno de orden y armonía. Pero lo más importante sería en el mundo la hermandad y armonía social; en él reinaría el amor profundo entre todos sus habitantes y todos serían aceptados y respetados con sus diferencias. Sería un mundo sin egoísmos, donde las personas tendrían principalmente dominio sobre sí mismas.

Dada la perfección de ese mundo, con orden y armonía total, la inteligencia humana estaría mucho más dotada y adelantada; habría adelantos científicos jamás soñados, y abundancia de recursos naturales para cubrir todas las necesidades. (No habría personas con hambre, teniendo otras comida de sobra, ya que el amor las llevaría a compartir...) Por fin, no reinaría la muerte como un mal que acaba con los deseos y aspiraciones a la vida, o como algo injustamente infligido por otros, sino que sería un simple paso a mejor vida, en unión más íntima como Dios. Existiría la muerte (ya que todo en este mundo es material y transitorio) pero cada muerte sería como la muerte del justo, de la que tantas veces habla la Biblia. Todo eso podría ser nuestro mundo, si la humanidad se convirtiera y aceptara plenamente el mensaje de Jesús de amor universal sin límites.

18. ¿Cómo son imagen de Dios el hombre y la mujer? ¿Puede Dios compararse a un hombre o a una mujer?

Esta pregunta combina dos temas que de por sí son diferentes:
a) la semejanza de los seres humanos a Dios
b) la paternidad-maternidad de Dios.

La escritura nos dice que Dios hizo al ser humano, varón y hembra, "a nuestra imagen y semejanza" (Gén 1,26); esta expresión tiene varias interpretaciones posibles, todas ellas más o menos ligadas a la mentalidad del tiempo y del lugar en que se escribió la Biblia:

1. En Egipto y regiones vecinas, los reyes eran considerados imagen y semejanza de los dioses, a los cuales representaban y encaraban de algún modo en el reino.
2. En algunas regiones se creía que las personas se asemejaban a los dioses por su sangre; la sangre era considerada como un elemento divino en el ser humano.
3. La mentalidad griega, no judía, veía la semejanza a Dios en un elemento espiritual, el alma, que era constitutivo del ser humano. Esta interpretación, que más tarde fue aceptada por los judíos, concuerda poco con la mentalidad del autor del libro del Génesis.
4. Muchos autores crean hoy que la semejanza con Dios esta en el poder que se da al ser humano en la creación: "Hagamos al hombre... varón y hembra,... y domine

sobre las aves... ganados... reptiles; llenen la tierra y sométanla; dominen los peces... aves... reptiles; les he dado toda la hierba... y todo árbol..." (Gén 1,26-29). El Dios que revela su poder en la creación comparte su poder y dominio con los seres humanos.

5. Más de acuerdo con la mentalidad bíblica del Antiguo Testamento, la semejanza del hombre con Dios, más que ser algo estable y que se da desde el principio, es algo hacia lo que el hombre tiende como un fin. El ser humano, hombre y mujer, está llamado a ser como Dios; ésta es su vocación. El hombre y la mujer serán como Dios a través de su conducta, ya que, como el Señor, trabajarán y descansarán, deberán ser santos como él es santo. En el Nuevo Testamento, Cristo es la imagen y semejanza perfecta del Padre (Col 1, 15-20), y los cristianos son imagen y semejanza de Cristo (Rom 8,29) y están llamados a crecer y a perfeccionarse en esa semejanza. La vocación del cristiano es ser como Cristo y ser perfecto (misericordioso) como el Padre celestial es perfecto (Mt 5,49).

Teniendo en cuenta lo que acabamos de decir, no hay ninguna diferencia entre la vocación del hombre y de la mujer, y que ambos están igualmente llamados a ser (hablar y obrar) como Dios.

La paternidad-maternidad de Dios son afirmadas en la Escritura, aunque no del mismo modo. La paternidad de Dios es afirmada directa y primeramente en la Biblia para explicar la relación que existe entre Jesús y su Padre y, por extensión, entre el Padre y los cristianos: en sus relaciones con su pueblo, en su cuidado providencial, el amor de Dios es comparado al de una madre por sus hijos. Dios es también comparado con otras imágenes: león, guerrero, águila, fuego, etc. Jesús se compara a la gallina que recoge a sus polluelos (Mt 23,37-38). Dios es algo de todas estas imágenes y comparaciones en su relación con las personas, pero Dios es mucho más que todas ellas. Para poder comprender mejor la bondad y grandeza de Dios, a veces lo presentamos a imagen y semejanza nuestra, ya que todo lo bueno que hay en las personas proviene de él y se encuentra en él en grado eminente.

19. ¿Qué sucedió con el paraíso terrenal? ¿Lo encontrarán algún día?

La narración del paraíso terrenal es un género literario, o una manera de indicar la relación de amistad entre Dios y el hombre. Cristo, más tarde, vendrá a darnos nuevamente acceso a Dios, acceso al paraíso.

La narración bíblica del paraíso parece inspirarse en el hecho de que los reyes de la antigüedad, especialmente los de Babilonia, solían tener jardines fabulosos en los que se paseaban con sus amigos. Los jardines colgantes de Babilonia constituyeron una de las siete maravillas del mundo antiguo. El autor bíblico podía pensar en Dios a modo de un rey que tiene el mejor de los jardines y en el que se pasea con sus amigos.

A la persona que quisiera tomar literalmente la narración del paraíso, se le podría responder que lo que pudo pasar con el paraíso sería lo que pasa con un jardín que deja de ser cultivado; al poco tiempo nacen plantas males, crece la hierba y el jardín acaba por desaparecer.

20. ¿Es cierto que, según la Biblia, el trabajo es una maldición de Dios?

El trabajo no es una maldición de Dios, sino un medio por el cual el hombre responde a la vocación de Dios y cumple la misión que Dios le ha confiado. Ya desde su creación, Dios puso al hombre en el paraíso "para que lo cultivara y guardara". Ese trabajo jardinero no es presentado como algo pesado, sino como algo útil y entretenido. El hombre con su trabajo debía cuidar y desarrollar la creación que Dios ponía en sus manos. Esto era una gran responsabilidad y una gran oportunidad. Iba a continuar, de los modos más variados, la obra de la creación que Dios había comenzado. Iba a engendrar hijos a su imagen y semejanza (procreación) e iba a poner su imagen y su sello en las obras de la creación de Dios.

El trabajo se presenta dificultoso a partir del pecado y del castigo, porque se anuncia que la tierra no responderá a los esfuerzos y sudores del hombre. El pecado, en sus múltiples formas, ha llegado, a veces, a considerar y hasta a convertir el trabajo en una maldición. El egoísmo y la pereza de los que abusan de los demás, y los sobrecargan con trabajos para así comer "con el sudor del de enfrente", hacen que esos trabajos sean medios de opresión y explotación. Esto no era, ni es, de ningún modo, el plan de Dios.

21. ¿Existimos nosotros por evolución, como dicen los sabios, o existimos por creación, como dice la Biblia? ¿Hay que creer en la creación que cuenta la Biblia aunque los sabios dicen que no es verdad y que no se debe enseñar?

Hay que distinguir entre la teoría de la evolución (venimos del mono, que viene del…, que viene del…, etc.) y la doctrina de la creación. Las dos hablan del origen del hombre, pero son como dos líneas paralelas que se cruzan pero no que chocan. Como cristianos, creemos en la creación, ya que es lo único que se cuenta en la Biblia, y es objeto de enseñanza teológica; la fe responde al mensaje de Dios. Sin embargo, esto no se opone a que una persona acepte (si se prueba mejor) la teoría de la evolución como un hecho científico. Como decía, esta dos posiciones no se contradicen, sino que se cruzan. ¿Venimos de Dios a venimos de una célula pequeña a través de muchos cambios? La fe no enseña que venimos de Dios, y la ciencia dice que venimos de una célula. No hay contradicción entre una cosa y la otra.

Desde el punto de vista de la fe y de la Biblia, no hay dificultad en aceptar una evolución creativa o, si se quiere, una creación evolutiva. Esto significaría que aceptamos que la mano de Dios está aún activa en el mundo que creó, y que está aun creando cosas nuevas. Esto Dios lo hace, a veces, a través de los conocimientos y de la potencialidad que ha puesto en sus criaturas, particularmente en los conocimientos del entendimiento humano. La evolución puede ser vista como una parte del plan de Dios, y de su manera providencial de crear y de gobernar al mundo.

Hay que recordar que la Biblia nos quiere enseñar el por qué y el para qué de las acciones de Dios (por ejemplo, de su creación), más que el cómo Dios hizo las cosas. Todo lo hizo para nuestro bien y nos lo entregó para que lo usemos para el bien de los demás.

La Iglesia rechazó la teoría de la evolución (así como algunas otras teorías científicas) no porque la teoría en sí estuviera equivocada, sino porque los científicos se ponían a decir que la Biblia estaba equivocada. Hoy la Iglesia católica tolera la teoría de la evolución, mientras que algunas iglesias protestantes la condenan sin restricción.

22. ¿Por qué hay tantas razas y lenguas si todos descendemos de Adán y Eva?

La multiplicidad de razas y de lenguas es un hecho que tiene causas naturales. La diferencia de climas, alimentos, y el aislamiento prolongado de un cierto número de individuos, hace que gradualmente vayan apareciendo ciertas características que se hacen comunes, y se arraiguen de tal modo, que lleguen a caracterizar al grupo, y lo hagan diferente de los demás grupos. Las razas se han formado a lo largo de miles de años, a través de cambios naturales, por lo que hubiera sido un verdadero milagro de Dios el que no hubiera razas y lenguas distintas. El origen de las razas, sin embargo está en el plan de Dios, que dotó a los seres humanos de la capacidad de adaptarse de modos diversos a las regiones del mundo en el que viven. El autor bíblico, según la creencia y costumbre de su tiempo, atribuye el origen de las razas y de las lenguas directamente a la mano de Dios, a pesar de que Dios lo hizo indirectamente a través de las leyes que puso en la naturaleza.

23. ¿Por qué no se casan los sacerdotes si Dios mandó a la humanidad el "crecer y multiplicarse"?

El mandamiento de crecer y multiplicarse, dado a la humanidad en general (Gén 1,28; 9,1-7), no quiere decir que cada individuo en particular tenga que cumplirlo. (De modo paralelo, la misión de la Iglesia de predicar el Evangelio a todas las naciones (Mt 28,16-20) no quiere decir que cada cristiano tenga que convertirse en predicador o evangelizador ambulante, aunque todos tienen que evangelizar por lo menos con su ejemplo.)

San Pablo veía el no casarse (el celibato), como un don de Dios que algunos reciben. También veía el matrimonio como un don de Dios, y una vocación a la que la mayoría son llamados. San Pablo hacía eco de la doctrina de Jesús, de que el no casarse (el permanecer célibe o virgen) cuando se hace a causa del Reino de los Cielos, tiene una dignidad especial (ver Mt 19,12; 1 Co 7,34-35). El no casarse por puro egoísmo, simplemente para poder gozar más de la vida, sin ataduras, muestra una gran pobreza de espíritu.

En el caso de los sacerdotes, el no casarse (el celibato) les permite más libertad, y les da mayor oportunidad para consagrarse más de lleno a la propagación del Reino de Dios. Les cuesta menos trabajo dejarlo todo para ir a servir generosamente donde haga falta. Pueden compartir más su amor con el pueblo, si no están ligados a un amor humano, sexual y matrimonial.

La Iglesia, desde tiempos antiguos, insistió en el celibato de los sacerdotes, por su valor positivo, que facilita la disponibilidad para trabajar por el Reino de Dios. También, en parte, la Iglesia reaccionaba contra ciertos herejes que enseñaban que todos tenían obligación de casarse, y que el no casarse era malo, porque desobedecía un mandato divino.

El celibato, como medio para darse más de lleno a la evangelización, o al cuidado amoroso de los necesitados, tiene un gran mérito religioso. Además, anticipa la vida celestial, donde habrá la plenitud del amor, y donde las palabras de Jesús serán una realidad: "Pues, cuando resuciten de entre los muertos, no tendrán esposa o marido, sino que serán en el Cielo como ángeles" (Mc 12,25).

24. ¿Por qué y cómo prefirió Dios el sacrificio de Abel sobre el de Caín?

Realmente no sabemos la respuesta. Hay, sin embargo, diversas opiniones y suposiciones:

a) Hay quienes creen que Dios, que mira lo corazones, vio que el corazón de Abel era bueno y el de Caín malo. No hay prueba de esto en el texto bíblico.

b) Otros ven en este hecho una tendencia en la Biblia, en la que se presenta a Dios prefiriendo al más pequeño, al más joven, al último.

c) Hubo quienes se imaginaron que Dios prefirió el don de Abel porque ofreció un cordero, que era anuncio y símbolo de Jesús, el Cordero de Dios. Esta opinión carece de fundamento.

d) Lo mejor sería decir que Dios, en su misteriosa libertad, acepta por razones que sólo él sabe.

No sabemos realmente cómo mostró Dios su aceptación a Abel. Todos hemos visto en grabados y películas cómo "juegan", presentando el humo de la ofrenda de Abel subiendo directamente al Cielo, mientras que el humo de la ofrenda de Caín se esparce por el suelo. En la tradición bíblica se nos dice que en algunos casos Dios mostró su aceptación de una sacrificio haciendo bajar fuego del cielo que consumió a la víctima (ver 1 Re, 18,37-38; 2 Mac 1,21-36).

Lo más prudente sería subrayar que el propósito de la historia de Caín y Abel es el enseñar que el pecado que aflige a la humanidad lleva a rebelarse contra Dios, haciendo la propia voluntad, y acaba por dar muerte al hermano (palabra que se repite siete veces en la narración). Se ve también el peligro de dejarse llevar por el enojo y la envidia.

25. Si nada más existían Adán, Eva y sus dos hijos cuando Caín mató a Abel y luego Caín se separó de ellos, ¿dónde y cómo fue que Caín se casó y tuvo descendientes?

La historia antigua de la Biblia no habla de los descendientes de Adán, mencionando explícitamente por sus nombres solamente a aquellos sobre los cuales tiene algo especial que contar, y a los que fueron antepasados directos del pueblo de Israel. Como se repite numerosas veces en la Biblia, además de los descendientes mencionados por sus nombres propios, Adán y los demás patriarcas tuvieron muchos otros hijos e hijas (ver Gén 5,4.7.10.13.16.19.22; etc).

Hay también que recordar que la narración sobre Caín y Abel es una historia muy posterior, que ha sido colocada por el compilador de la Biblia con las narraciones del comienzo de la humanidad, para ilustrar cómo el pecado es una doble rebelión contra Dios y contra el hermano. La muerte anunciada a Adán entra en el mundo, no a través de un accidente fortuito, sino porque el hermano mata al hermano. Este es el género de muerte que sigue aún dándose en el mundo, y el que verdaderamente impresiona y debe cuestionar realmente a los hombres.

26. ¿Por qué tenía miedo Caín de que lo mataran si no había otra gente en la tierra?

Esta pregunta apunta a una de las dificultades o contradicciones que aparecen en la narración bíblica sobre Caín y Abel (Gén 4,1-16): Parece que desde los comienzos de la humanidad la civilización estaba ya desarrollada, que la religión estaba organizada de modo que se ofrecían sacrificios, que Caín estaba en peligro porque había otras gentes en la tierra y Caín construyó una ciudad. La narración presupone una situación histórica que solamente se dio muchos siglos más tarde. Por esto, los autores modernos creen que la historia de Caín y Abel es realmente posterior, pero que el compilador de la Biblia la puso al comienzo de la historia de la humanidad, porque querían mostrar con dos ejemplos clásicos la doble dimensión del pecado:

1) rebelión contra Dios (Adán y Eva)
2) destrucción del hermano (Caín y Abel).

Al hacer esto, el compilador ha introducido ciertas dificultades o contradicciones en el texto que para su propósito no tienen ningún valor.

La historia de Caín y Abel ha sucedido y sucede a lo largo de los siglos, cada vez que un hombre hace daño a su hermano. Más aún, el que no ama a su hermano "es como Caín" (1 Jn 3,8.15; Jn 8,44). El primer Caín no corría peligro de que otros lo mataran, pero los caínes posteriores pueden correr ese peligro.

Dios no quiere que el asesino de su hermano quede a merced de la venganza del que lo encuentre. La legislación bíblica posterior dará leyes apropiadas para castigar los crímenes.

27. ¿Con quién se casó Caín?

Esta pregunta viene a la mente cuando se lee la Biblia en el doble contexto que una historia bíblica puede tener: contexto histórico y contexto doctrinal.

La historia de Caín se encuentra en un contexto doctrinal del pecado de la humanidad en su doble dimensión, contra Dios y contra el hermano. Para explicar esta segunda dimensión, el autor ha colocado la historia de Caín y Abel. Esta colocación de la historia presenta problemas de contexto histórico, tales como ¿con quién se casó Caín? ¿cómo pudo ser Caín antepasado de los herreros, artesanos y músicos, si sus descendientes murieron todos en el diluvio? etc.

La pregunta como tal, no tiene respuesta, aunque tradicionalmente se puede decir que se casó con una hermana suya, ya que de Adán y Eva se dice que tuvieron otros hijos e hijas (Gén 5,4). Esta respuesta estaría tomada del contexto histórico de la narración, el cual, para el escritor, tenía un valor muy secundario, si es que valía algo. Al narrar esta historia, el autor pensaba exclusivamente en el pecado y la muerte que afligen en todo tiempo a la humanidad. Se deben al demonio, y a la falta de amor entre hermanos.

Para entender mejor este doble contexto doctrinal e histórico, podríamos mirar los Evangelios, ya que los conocemos mejor. Por ejemplo, una historia puede ser narrada en un lugar determinado por un evangelista, porque se adapta bien al tema doctrinal que está tratando, aunque quizás ocurrió en otra ocasión. Otras veces un milagro es narrado en un lugar determinado, porque probablemente, según la tradición del evangelista, sucedió allí, en ese momento. Así, el milagro de

Caná es un milagro de apertura, y comienza el ministerio de Jesús, mientras que el caminar de Jesús sobre las aguas del lago de Tiberiades, después de la multiplicación de los panes, es atestado unánimemente por los cuatro evangelistas.

28. ¿Será verdad que hombres antiguos, como Matusalén, vivieron centenares de años?

Una vida larga era considerada como señal de la bendición divina: se creía que el pecado traía la muerte y, por lo tanto, limitaba la longevidad.

Las edades de los patriarcas difieren en los manuscritos bíblicos, pero aun así son largas, aunque no puedan compararse con las de algunas leyendas de Babilonia, en las que se cuenta que algunos reyes llegaron a vivir más de veinte mil años.

Los expertos no han logrado descubrir la clave para interpretar los números, o para ver si se trataba de años más cortos que los nuestros. Siempre se ha creído, contra la evidencia histórica, que los tiempos antiguos fueron mejores, y que se vivía mejor en ellos ("Cuanto más se vive, mejor" = "cuanto mejor se vive, más se vive"...). Estos números de las edades aparecen en genealogías, en las cuales a veces se deja entrever un juego de cifras; éste era el modo común de escribir. San Mateo, por ejemplo, divide la genealogía en grupos de 14, y San Lucas presenta 77 antepasados de Jesús. Las edades de Abrahán (175 años), Isaac (180), Jacob (147) y de José (110), parecen formar parte de este "juego" numérico cuyo significado profundo se nos escapa hoy:

$14 = 1^2 + 2^2 + 3^2$
$77 = 4^2 + 5^2 + 6^2$
$175 = 5^2 \times 7$
$180 = 6^2 \times 5$
$147 = 7^2 \times 3$
$110 = 5^2 + 6^2 + 7^2$

Como no hay seguridad sobre cuál fue el texto original de los números del Gén 5,1-31, será muy difícil encontrar la clave para descubrir su significado especial, aunque hay quienes ven simbolismo en los números 777 y 365 (= $10^2 + 11^2 + 12^2$).

29. ¿Por qué dice la Biblia que Dios se arrepintió de haber creado al hombre? ¿No está bien todo lo que Dios hace?

El autor bíblico dice que Dios, antes del diluvio, se arrepintió de haber creado al hombre; que le dolió de corazón. Estas palabras no hay que interpretarlas literalmente, ya que nos hablan de Dios de manera antropomórfica, como si Dios tuviera los sentimientos del hombre. En otros textos se dice que a Dios se le conmueven las entrañas, lo cual tampoco hay que tomarlo literalmente. El autor escribe para gente sencilla a la que quiere comunicar un mensaje religioso. Al decir que Dios se arrepintió, el autor quiere subrayar y enfatizar la malicia del pecado que trae semejante castigo del Creador.

Esta manera popular de hablar de Dios a la gente sencilla, la encontramos en numerosos textos de la Biblia, especialmente en el Génesis. Así, nos presenta a Dios buscando a Adán, que se ha escondido después del pecado; Dios le pregunta a Caín dónde está su hermano Abel, etc. Hasta en los escritos más profundos y literarios se habla de Dios de un modo parecido; el capítulo once de Oseas es un modelo:

"Cuando Israel era niño, yo lo amé...

Yo le enseñé a andar a Efraím, sujetándolo de los brazos...

Yo los trataba con gestos de ternura...

Mi corazón se conmueve, y se remueven mis entrañas.

No puedo dejarme llevar por mi indignación y destruir a Efraím, pues yo soy Dios y no hombre.

Ustedes seguirán a Yavé, que rugirá como león" (Oseas 11,1-10).

30. ¿Fue el diluvio en todo el mundo o nada más donde estaba Noé?

Sería difícil imaginarse de dónde podría salir tanta agua para cubrir el monte Everest con sus casi nueve kilómetros de altura. Las personas que creen en este tipo de milagros no tendrán dificultad alguna en aceptar el diluvio como universal y mundial. Sin embargo, el autor bíblico parece contemplar un mundo algo más reducido que el nuestro. Para él, el mundo se reducía al área del Oriente Medio donde se desarrollaba la historia de la humanidad naciente. El arca de Noé descansó sobre el monte Ararat, que para los habitantes de la región era "el monte más alto de la tierra". La opinión más común entre los especialistas es que el diluvio se extendió solamente a aquella región habitada por la humanidad de la que habla el autor. En cuanto a la destrucción universal de todo ser vivo, se puede decir que nosotros hablamos frecuentemente en términos parecidos: si dijéramos que hubo una inundación en la ciudad de Los Angeles y que allí pereció todo el mundo, naturalmente nos referiríamos a todos los habitantes de Los Angeles, sin incluir a los de Nueva York y mucho menos a los de México o Puerto Rico.

31. ¿Es un hecho histórico la narración sobre la Torre de Babel o solamente una leyenda?

Se puede decir que es un poco de las dos cosas. La manera de narrar, el estilo, parece ser de leyenda; pero su contenido fue probablemente históricamente cierto, aunque no en el sentido puramente literal en que generalmente la gente lo interpreta: Los judíos, después del diluvio que arrasó a toda la región del Oriente Medio (la invasión del rey Nabucodonosor — ver Is 8,7-8), acabaron siendo llevados cautivos a Babilonia (Babel =

confusión), donde experimentaron históricamente la confusión causada por la multiplicidad de lenguas entre los numerosos cautivos de diversas regiones deportados por el rey. Babilonia fue un ciudad donde en aquellas condiciones nadie se entendía. Además los judíos encontraron en la región torres y ruinas de torres, algunas de ellas de tan grandes proporciones, que podían dejar la impresión de que sus constructores trataron de llegar hasta el cielo. El profeta Daniel usa una terminología parecida a la del Génesis para describir el orgullo del rey de Babilonia, Nabucodonosor (ver Dan 3, 1-7;4,7-8.10-11; 5,17-19).

Toda la narración de la Torre de Babel es también probablemente una leyenda etiológica (en griego *aitía* = causa), que satisface la curiosidad del lector diciéndole la causa o el por qué de varios hechos que el autor relaciona entre sí: el que una ciudad tenga un nombre (Babel) que significa confusión y el que existieran en ella ruinas de una enorme torre. En esa ciudad, más que en ningún otro sitio, se podía constatar el hecho de la multiplicidad de lenguas, a pesar de que todos los habitantes de la tierra descienden de los mismos primeros padres. En esta narración el autor se fija solamente en el lado negativo de la diversidad de las lenguas y hasta de las diferencias culturales.

San Lucas, en los Hechos de los apóstoles, en el capítulo segundo, describe la venida del Espíritu Santo sobre los apóstoles el día de Pentecostés en términos de la historia de la torre de Babel, de modo que en el día de Pentecostés tiene lugar la Anti-Babel. En esta nueva ciudad (Jerusalén) se congregan gentes de todas las regiones (en oposición a la dispersión de la torre de Babel). Todos vienen con sus propias lenguas, pero al darse el milagro por el don del Espíritu, todos entienden una misma lengua. Por el contrario, en la torre de Babel se comienza con una sola lengua y se acaba con muchas.

32. ¿Es verdad que la mujer de Lot se convirtió en estatua de sal o es pura leyenda?

La narración sobre la mujer de Lot que se convirtió en estatua de sal encuentra ecos en muchas leyendas de muchas regiones del mundo. En muchos lugares hay montes y rocas que reciben nombres de personas o de animales, según la forma que parecen tener, y a estas formas se asocian historias y leyendas que dan razón de ellas. La narración bíblica sobre la mujer de Lot es un caso parecido, que el autor bíblico usa como un ejemplo para enseñar la pronta, exacta y absoluta obediencia a los mandatos del Señor.

33. ¿Realmente existen los ángeles?

En los últimos años se ha comenzado a dudar de la existencia de los ángeles, y se han escrito varios libros, en general de poco valor crítico, para probar que realmente existen. Las dudas han surgido porque en la Biblia hay textos en que se habla de los ángeles, pero en los que, al examinarlos cuidadosamente, se ve que la palabra ángel se usa para evitar relacionar a Dios directamente o cara a cara con una persona humana. Así, por ejemplo, cuando Dios se aparece a Moisés en la zarza ardiendo (Éxodo 3) se dice que "el ángel de Yavé" se le presentó a Moisés; un poco más adelante en la narración se dice que "Yavé vio que Moisés se acercaba para mirar". Algo parecido se ve en las historias de algunas apariciones a Abrahám, especialmente la aparición en Mambré (Gén 18) y la prueba del sacrificio de su hijo Isaac (Gén 22). Parece que los autores bíblicos, en un período de la historia de Israel, comparaban a Dios con un rey, ya que él es el Rey del Universo. Así como un rey tiene sus mensajeros (literalmente ángeles) y consejeros, así también Dios tendría sus ángeles mensajeros y sus ángeles consejeros o ángeles de la presencia.

No hay razón clara para negar la existencia de los ángeles. Por el contrario, en la Biblia hay muchos otros textos en los que se parece afirmar su existencia sin dejar lugar a dudas. Si miramos la pregunta a la luz de la vida de fe de la Iglesia (según el conocido dicho "Lex orandi lex credendi", uno reza según lo que cree), la Iglesia siempre ha aceptado la existencia de los ángeles y ha celebrado sus fiestas.

Si creemos como cristianos que existe el mundo de lo invisible y espiritual, no se nos hace difícil el admitir que existan otros seres puramente espirituales. No debemos enorgullecernos pensando que somos la crema de la creación y que somos los únicos seres, fuera de Dios, dotados de entendimiento y voluntad. Lo que sí hay que reconocer es que en la creación visible aquí en nuestro planeta. La persona humana es el ser más perfecto, creado a imagen y semejanza de Dios.

34. ¿Cuál es el verdadero Nombre de Dios, Yavé o Jehová?

La palabra "Jehová" no se encuentra en el texto original de la Biblia, ya que es una palabra reciente y artificial. La lengua hebrea se escribía solamente con letras consonantes, de modo que el lector tenía que aprender a adivinar la vocal que correspondía a cada consonante. (Es como si escribiéramos Pdr nstr, en lugar de Padre nuestro.)

Uno de los nombres más comunes de Dios en la Biblia era "YHWH" (Yavé). Después de la cautividad de Babilonia, los judíos, por un respeto exagerado al Nombre de Dios, y para "no usarlo en vano", cada vez que aparecía la palabra "YHWH" leían en lugar de ella, otra palabra hebrea, "ADONAY", que significa "Señor".

Seiscientos años después de Cristo, los sabios judíos que copiaban la Biblia combinaron las consonantes de la palabra "YHWH" con las vocales de la palabra "ADONAY", de donde resultó la nueva palabra "Yahowah", que se convirtió en "Yehovah". Los cristianos solamente comenzaron a usar esta nueva palabra (artificial y no bíblica) hacia el año 1500. Es, pues, una palabra reciente, que no se merece la importancia que algunos le han dado.

35. ¿Es verdad que en el Exodo el mar Rojo se abrió en dos o solamente se secó?

Los sucesos del Exodo fueron tan transcendentales, que se narran y recuerdan muchas veces en la Biblia, en varios estilos literarios, en prosa, poesía, épica, profecía y sabiduría (ver Ex 14,15-31; 15,1-21; Sal 78; 105; 106; 114; Is 41,17-20; 43,16-21; Sab 10,18-21 1 Co 10,1-2). En cada estilo literario, los detalles se ajustan al estilo de la narración y hay que interpretarlos sin olvidar nunca el estilo. Así, la poesía usa frecuentemente el lenguaje simbólico, mientras que la épica aparentemente exagera los hechos, por lo que no se deben tomar siempre al pie de la letra, sino que hay que fijarse más bien en el mensaje espiritual que encierra la narración. La profecía habla de sucesos del pasado teniendo siempre en cuenta un futuro, que es el objeto principal de la profecía.

Parece ser más probable que el mar se secó parcialmente a causa del fuerte viento. Esto suele suceder en brazos de mar que son estrechos y de poca profundidad, cuando sopla viento fuerte durante varias horas desde la misma dirección, tal como pasa, por ejemplo, en el mar Adriático, especialmente en el área de la ciudad italiana de Venecia. Los judíos del Éxodo aprovecharon el suceso para escapar por la parte que se secó, mientras que los egipcios no tuvieron suerte de que durara el viento, por lo que, al volver las aguas a su nivel normal, se ahogaron. La división del mar Rojo en dos partes parece ser un dato posterior del estilo épico que quiere poner de relieve lo providencial del hecho del paso del mar Rojo.

Esta doble tradición y manera de hablar está recogida y combinada en Ex 14,21-22: "Moisés extendió su mano sobre el mar, y Yavé hizo soplar durante toda la noche un fuerte viento del oriente que secó el mar. Se dividieron las aguas. Los israelitas pasaron en, seco, por medio del mar; las aguas les hacían de murallas a izquierda e derecha". Esta mezcla de detalles de estilos literarios diferentes crea una dificultad patente: ¿Cómo podía estar seco el mar a causa del fuerte viento mientras las aguas formaban murallas a izquierda y derecha?

36. ¿Cómo es posible creer que en el Exodo salieron de Egipto 600.000 hombres sin contar mujeres y niños?

Si esta pregunta apunta a la dificultad de Ex 12,37, ésta se complica al leer versículos siguientes que "salió con ellos una inmensa muchedumbre de gente de toda clase, y grandes rebaños de ovejas y vacas" (Ex 12,38). ¿Quiénes fueron esas otras personas que salieron de Egipto con los judíos? Parece ser que, históricamente, varios grupos de raza semita, entre ellos los judíos, se liberaron simultáneamente de la esclavitud egipcia. Solamente los judíos reflexionaron sobre el hecho como una experiencia religiosa y vieron la mano de Dios en su liberación.

El número de 600.000 hombres puede parecer excesivo. Posiblemente el autor de Éxodo nos da en este texto el número de hombres aptos para la guerra que había en Israel al comienzo de la monarquía, en la que el ejército de Israel era visto como el ejército de Yahweh: "todos los ejércitos de Yavé salieron en un mismo día del país de Egipto" (Ex 12,41; Ver 1 Re 17,44). El autor del libro del Éxodo subraya así que todo el pueblo (de su tiempo) salió de Egipto. El Deuteronomio indica también cómo todo el pueblo había participado en la Alianza, aunque los individuos del pueblo fueran cambiando y se fueran renovando a través de muertes y de nacimientos al pasar los años (ver Dt 5,3).

De modo parecido al que habla el autor del Éxodo, nosotros hoy en los Estados Unidos podríamos decir que nuestros antepasados europeos vinieron a América con Cristóbal Colón o en el barco Mayflower. Esto podrá ser literalmente verdadero de algunos descendientes de origen hispano o inglés, pero no de los de origen italiano, polaco e irlandés. Sin embargo, la experiencia histórica de unos pocos individuos en un momento decisivo y crítico de su historia pasó a convertirse en una experiencia nacional (como la fiesta de Acción de Gracias a finales de noviembre). Así, también, la experiencia del Éxodo, que originalmente afectó a un número más limitado, al convertirse en experiencia nacional, se extiende a todos los miembros del pueblo de épocas posteriores.

37. Si la Biblia prohíbe las imágenes, ¿por qué los católicos las usamos?

Esta pregunta se oye con mucha frecuencia, ya que parece ir directamente contra un mandamiento del Antiguo Testamento (Ex 20,4), y porque algunos consideran las imágenes como ídolos que apartan del verdadero Dios.

En cuanto al mandamiento de no hacer imágenes, hay que tener presente su razón de ser y su finalidad, así como el hecho de que Jesús vino a perfeccionar la Ley y los Profetas (Mt 5,17).

El mandamiento de no hacer imágenes servía para afirmar la trascendencia y la espiritualidad de Dios que está sobre todo lo material y supera toda representación e imaginación humana. El autor del Deuteronomio afirma que cuando Dios se apareció a Moisés en el Sinaí en medio del fuego, los allí presentes "no vieron figura alguna" (Dt 4,15), por lo que no debían hacer imágenes o figuras de Dios. Además, los judíos decían que Dios no necesitaba ni quería imágenes porque ya había dejado su imagen y semejanza en el mundo al crear al hombre (Gén 1,26).

Jesús vino a afirmar la supremacía del amor a Dios y al prójimo sobre todos los demás mandamientos. Los cristianos, desde los primeros tiempos, comenzaron a pintar imágenes porque no veían en ello ninguna oposición al mandamiento del amor ni los llevaba a tener ideas equivocadas sobre la trascendencia y espiritualidad de Dios: si las imágenes ayudaban a fomentar el amor y la devoción, ya no había razón para prohibirlas.

Hay un peligro en el uso de imágenes y es que, en algunos casos concretos, una persona puede encariñarse con una imagen y olvidarse de lo más profundo del mensaje cristiano, que es encariñarse con Dios y con el prójimo. Por otro lado, hay personas que se pronuncian contra las imágenes por considerarlas ídolos y se olvidan de que en la vida es posible y más peligroso tener ídolos del corazón, como el egoísmo, el culto de la propia personalidad, caprichos, etc. (1 Jn 5,21).

38. ¿Por qué la gente hace estatuas de Dios y de los santos, cuando la Biblia lo prohíbe y dice que debemos adorar al Padre en Espíritu y en verdad?

En esta pregunta se mezclan ideas del Antiguo Testamento con ideas del Nuevo Testamento. Cuando se dice que la Biblia manda o prohíbe una cosa, hay que considerar la Biblia en su totalidad, teniendo en cuenta cómo el Nuevo Testamento supera ciertas prescripciones legales del Antiguo Testamento. Muchas leyes del Antiguo Testamento quedan complementadas y hasta transformadas por las leyes del Nuevo Testamento, en el modo en que se transforma un árbol cuando de sus hojas nacen flores y cuando las flores se transforman y convierten en frutos. Los frutos son algo nuevo y muy diferente de las flores, pero han tenido su origen en las flores.

Algo semejante, sucede con las prescripciones del Antiguo Testamento. Aun las leyes mismas de los diez mandamientos quedaron transformadas y modificadas por el mensaje de Jesús:

el Sermón de la Montaña (Mt 5,1-7,27) contiene numerosos ejemplos. Otros casos se encuentran en la manera de obrar de Jesús en los Evangelios: Jesús viola la ley del sábado en numerosos casos haciendo milagros que no eran urgentes, y declara que toda clase de alimentos serán permitidos en adelante (Mc 7,17-23; Mt 5,10-20). San Pablo, por su parte, consideraba lícito para los cristianos, en ciertos casos, hasta el comer alimentos "consagrados" y ofrecidos a los ídolos (1 Co 8,1-13).

Los cambios de las leyes del Antiguo Testamento se deben a que toda la vida del hombre y de la mujer, desde la venida de Jesús, queda gobernada y dirigida por un principio fundamental y único: el amor. Los mandamientos del Antiguo Testamento que son expresiones del amor, o sin los cuales el amor no es una realidad, tienen que quedar en pie. Por ejemplo, honrar a los padres, no matar, no cometer adulterio, no robar, etc. Los demás mandamientos, o son transformados, o son eliminados por la doctrina de Jesús. Así quedan abolidas las leyes sacrificiales, y la obligación de santificar el sábado, cede a la obligación de trabajar para hacer el bien a los demás siempre que haga falta (Mc 3,1-6). El mandamiento de no hacer imágenes queda también abolido, porque de por sí no tiene referencia directa o indirecta al precepto fundamental del amor. Si a una persona le ayuda una estatua para concentrarse y recogerse mejor en la oración, podrá hacerla o usarla, con tal de que recuerde que la estatua es solamente un símbolo de una realidad invisible y espiritual que se hace presente a la persona en oración. La adoración "en espíritu y en verdad" no tiene de por sí nada que ver con hacer o no hacer estatuas, ni con tener o no tener templos o iglesias. Estas palabras de Jesús se refieren a la actitud del corazón de la persona que adora a Dios: la adoración debe ser dinámica (espiritual) y debe traducirse y manifestarse en obras de amor (hacerse verdad es lo mismo que verificarse o hacerse realidad concreta).

39. ¿Se puede apoyar en la Biblia la intercesión de la Virgen y de los Santos?

La Sagrada Escritura presenta la intercesión como uno de los caminos para conseguir algo del Señor. Abraham intercedió por Sodoma y Gomorra, consiguiendo una medida de misericordia para las ciudades pecadoras. El pueblo de Israel, en el desierto, pecó repetidas veces, pero tuvo el perdón gracias a la intercesión de Moisés. En el Antiguo Testamento los profetas son los que oran e interceden por el pueblo, particularmente Jeremías. Este profeta (se creía) seguía orando e intercediendo por el pueblo de Israel aun después de su muerte (2 Mac 15,12-16).

En el Nuevo Testamento, en la vida de Jesús, María intercede ante su Hijo y obtiene el milagro de Caná. San Lucas nos presenta una delegación del centurión que viene a interceder para que Jesús sane a su siervo. Los cristianos son invitados repetidamente por San Pablo a orar unos por otros: San Juan nos dice que Jesús es nuestro intercesor ante el Padre (1 Jn 2,1-2).

Como cristianos, creemos y sabemos por experiencia que Jesús, María y los santos interceden por nosotros. La liturgia de la Iglesia, la celebración de las fiestas de los santos, se basa en esta creencia de la intercesión de los santos. La Virgen y los santos, creemos, siguen haciendo después de su muerte el bien que hicieron en vida, a través de su oración e intercesión, pero con mayor eficacia que la que tuvieron en la tierra.

El culto de los santos no se opone al de Dios ya que es una manera de honrar a los amigos de Dios y de acercarnos a él, especialmente cuando nos sentimos indignos por alguna razón. Es verdad que todos tenemos acceso directo al Padre, pero Jesús invitó a los discípulos a pedir en su Nombre ("Por Jesucristo nuestro Señor").

Siguiendo la tradición evangélica, vamos a María con nuestras necesidades, para que, como en Caná, le diga a su Hijo lo que nos hace falta; remediando nuestras necesidades a través de su Hijo se muestra Madre nuestra amorosa. Ella es la mayor de los santos, y a ellos también nos dirigimos, especialmente en trances y pruebas semejantes a las que sufrieron y vencieron.

40. ¿Por qué eran impuros algunos animales y no se podían comer, como el cerdo?

La legislación bíblica sobre animales puros e impuros está basada en tradiciones y costumbres antiquísimas del Oriente Medio y se encuentra principalmente en Lev 11,1-47 y Dt 14,3. En la Biblia, en general, es puro lo que aproxima o puede aproximar a Dios y es impuro todo lo que repugna a la santidad de Dios. Así, el cerdo (que era un animal usado por los babilonios para sus sacrificios idolátricos al dios Tammuz) no podía menos que ser un animal impuro para los judíos. Otro tanto sucedía con animales usados en ritos de magia y en supersticiones, entre ellos el camello. Había ciertos animales que parecían naturalmente repugnantes al hombre (aves de rapiña y reptiles) y que también eran vistos como desagradables a Dios. Esto era especialmente cierto de la serpiente que, además, era símbolo pagano de los ritos de la fertilidad.

No está claro cuáles eran los demás criterios que gobernaban la distinción entre animales puros e impuros, pero parece ser que razones de higiene tuvieron su importancia, prohibiéndose comer animales que eran considerados nocivos a la salud y hasta los animales puros que morían por causas naturales.

41. Si la Biblia dice que el día de descanso es el sábado, ¿por qué, pues, guardamos fiesta el domingo?

En la Antigua Alianza el sábado era el día privilegiado para honrar al Señor, pero en la Nueva Alianza el día privilegiado es "el primer día de la semana", el domingo. El cambio del sábado al domingo lo hicieron los primeros cristianos, siguiendo la mente de Jesús y de los apóstoles, posiblemente cuando se dio la ruptura final del cristianismo con la sinagoga de los judíos, después de la destrucción de Jerusalén por los romanos (Mc 2,23-28). Los cristianos celebraban "el primer día de la semana", el domingo, como el día del triunfo de Jesús en la resurrección (Mt 28,1; Mc 16,2; Lc 24,1; Jn 20,1.19.26), y ya en tiempos de los apóstoles ese día primero de la semana parece haberse convertido en el día oficial de reunión de los cristianos: "El primer día de la semana, estábamos reunidos para la fracción del pan..."(He 20,7).

Jesús vino a completar y a superar la ley antigua, especialmente en lo que se refiere al amor. En cierto modo el día de descanso tiene un valor secundario como expresión de amor a Dios y al prójimo. Jesús mismo curó a los enfermos, ciegos y paralíticos en día de sábado, y no les pidió o mandó que esperaran o vinieran un día más tarde para ser curados (Mc 3, 1-6; Jn 5,10; 9,13), indicando con esto que la observancia del sábado tenía un valor solamente relativo y que podía cesar en ciertas circunstancias. Los apóstoles enseñaron que la resurrección de Jesús es la culminación de la nueva creación que sustituye y perfecciona a la antigua. Así, también, el domingo sustituye al sábado.

42. ¿Por qué los cristianos comen sangre y desangran a los animales si la Biblia lo prohíbe?

Las leyes del Antiguo Testamento deben de ser reevaluadas a la luz del Nuevo Testamento. Jesús mismo declaró que lo que mancha al hombre no es lo que entra por la boca, sino lo que sale por ella (Mc 7,14-23). Los pueblos antiguos creían que la sangre era algo sagrado o divino y que en ella residía la vida. El que perdía su sangre, perdía su vida. Algo parecido sucedía con el aliento: la sangre y el aliento eran considerados como elementos divinos en los seres vivos. La sangre era usada a modo de agua bendita para purificar y santificar (Ex 24,8; 29,20-21; etc.). En el Nuevo Testamento las prescripciones legales sobre los alimentos pierden su valor: el amor es lo que prevalece. El comer una cosa o dejar de comerla tendrá una función secundaria (ver 1 Co 8,8-9). El elemento divino en el hombre no es ya su sangre, sino la gracia y el don de su Espíritu que Dios infunde en los corazones.

43. ¿Es verdad que la Biblia prohíbe las transfusiones de sangre?

Los autores bíblicos jamás soñaron que habría transfusiones de sangre, por lo que la solución a la pregunta hay que buscarla, más bien, en los valores y las actitudes de los autores.

En los tiempos primitivos, se veía la sangre como algo muy sagrado, casi divino, que se usaba para santificar y consagrar o bendecir, casi como nosotros usamos el agua bendita (ver Ex 30,10; Lev 16,2-29; Heb 9,6-22). En algunas regiones del Oriente Medio se creía que la sangre era algo sagrado porque provenía de los dioses, de modo que se consideraba a los hombres, especialmente a los reyes, como semejantes a los dioses porque tenían en común la sangre. En la Biblia, una razón básica de la sacralidad de la sangre era la asociación de la sangre con la *vida*. El que perdía su sangre, perdía su vida y moría. La vida (y la sangre) es algo que nos viene de Dios directamente. En la Biblia, además de la sangre, el aliento es algo íntimamente relacionado con la vida y, por lo tanto, algo sagrado que el hombre recibe directamente por un "soplo" de Dios (ver Gén 2,7). Naturalmente que en el período bíblico no pensaban ni en las transfusiones de sangre ni en la respiración artificial.

Sin embargo, para los autores bíblicos, la *vida* es algo sagrado y céntrico: hay que dar vida, trasmitirla y comunicarla. Está prohibido matar. Uno puede dar muerte con la acción y la omisión. Una transfusión de sangre puede dar vida y salvar de la muerte. Hay que recurrir a ella cuando sea necesario. No hay que pecar por omisión.

Las ideas religiosas del Antiguo Testamento fueron perfeccionadas por el mensaje de Jesús, que estableció una primicia clara de valores morales. Hoy la sangre no se relaciona con mitos de ideas paganas anticuadas. Desde la venida de Jesús, la única ley moral que impera es el *amor*. Una transfusión de sangre puede convertirse, de hecho, en un signo de amor. Cristo mismo nos da a beber su propia sangre y de ese modo nos consagra en el amor.

44. ¿Qué significa y de dónde viene la palabra Aleluya?

La palabra Aleluya viene de la combinación de dos palabras hebreas: hallelú = alaben a

Yah = Yahvé

Esta palabra, que es una invitación a alabar a Yahvé, se convirtió en sí misma en una alabanza gozosa, una exclamación que expresaba la euforia religiosa, primero de los judíos y más tarde los cristianos.

Esta palabra recibida de la Biblia judía (y muy usada en la

liturgia de la sinagoga) pasó a la liturgia cristiana desde el tiempo de los apóstoles. Su significado literal cambió ligeramente, ya que el "alaben a Yahvé" vino a querer decir "alabado sea Yahvé" o, como decimos frecuentemente, "bendito sea Dios" o "alabado sea Dios".

45. ¿Qué dice la Biblia sobre la contracepción y el aborto?

A veces la Biblia no dice nada directamente sobre los problemas que tenemos en el siglo XX, pero nos da valores y principios que están en la base de la solución de nuestros problemas, si bien es mejor buscar una solución guiándose por el Magisterio de la Iglesia.

Además de los principios de "no matar" y del respeto a la vida y al orden establecido por el Creador en la naturaleza, encontramos por lo menos dos instancias que dejan un eco, aunque algo lejano, sobre los temas en cuestión:

a) La Biblia condena la interferencia en la procreación, motivada por un deseo egoísta de no tener hijos, violando la ley judía del levirato (Gén 38,1-11).

b) La Biblia considera un caso de maldad y crueldad especial el dar muerte a las mujeres encinta (2 Re 8,12; Os 14,1). Este hecho se asocia a veces con el aplastar contra las rocas a los niños recién nacidos, ya que en ambos casos las vidas apenas comenzadas son cortadas en flor sin permitir que lleguen a su plenitud (Is 13,16; Os 10,14; Sal 137,9). Algo semejante hacen los que abortan a los niños antes de nacer.

46. ¿Es verdad que los sabios han probado que la Biblia tenía razón y que el sol se paró un día en medio del cielo?

Muchos lectores de la Biblia han tratado de probar que la Biblia tiene o tenía razón, mostrando cómo ciertos milagros narrados en el Antiguo Testamento se debieron a fenómenos naturales que coincidieron, providencialmente, con momentos claves de la historia de Israel (por ejemplo, las plagas de Egipto, el paso del mar Rojo, el cruce del río Jordán, etc.). Por otra parte, la Biblia no necesita de tales defensas para ser objeto de nuestra fe, e inspiración de nuestra vida. Ninguno de los esfuerzos de los hombres de ciencia para explicar los fenómenos narrados en la Biblia han logrado apoyo generalizado de sus colegas. Entre los que han hecho un esfuerzo mayor en este sentido (aunque sin demasiado éxito entre los científicos de su rango), se encuentra principalmente el astrónomo doctor Immanuel Velikovsky, que ha publicado varias obras en las que ha tratado de reconciliar la Biblia con las ciencias.

El milagro del paro del sol por Josué está encuadrado dentro de una serie de milagros que el autor ha escogido para contar la historia de la conquista de la tierra prometida, de modo que quede bien patente que tal conquista se debió más a la acción milagrosa de Dios que a la fuerza de las armas del pueblo (ver Núm 13,20-23; Dt 7,17-19; Jos 3,14-17; 6,1-21; 9,3-18; 10,8.12-14). En la batalla de Gabaón, en la que se paró el sol, Josué oró a Yavé en medio del combate. La ayuda de Dios fue la que obtuvo la victoria (ver Jos 10,12). El autor recuerda que el paro del sol es parte de una leyenda antigua y la incorpora al texto porque realza la mano de Yahwéh.

47. ¿Es justo que, según dice la Biblia, paguen los hijos por el pecado de sus padres y viceversa?

Para nosotros que creemos saber bien lo que es justo e injusto, nos parecerán, a veces, extraños los caminos de Dios, que sabe algo más que nosotros y no siempre ve las cosas a nuestro modo. En nuestra vida diaria vemos continuamente cómo la conducta de los padres afecta la vida de sus hijos: si el padre se arruina en sus negocios, los hijos también sufren las consecuencias. Los judíos creían al principio en la responsabilidad familiar y colectiva, de modo que los miembros de la familia o de la población, eran responsables los unos de los otros. Esta responsabilidad que existía a nivel social también la extendían al campo religioso, creyendo que Dios aprobaba y sancionaba esa responsabilidad familiar y colectiva, tal como lo reflejan los textos bíblicos.

Con el progreso de su historia y cultura, los judíos profundizaron el hecho de la responsabilidad individual, a la que en cierto modo veían en oposición a la responsabilidad familiar y colectiva. Por eso, el profeta Ezequiel escribía: "el que peque, ése morirá" (Ez 18,4 Ver 14,12-23; 33,10-20); los padres no pagarán por sus hijos, ni los hijos pagarán por sus padres. La teología judía, así como la cristiana, en su forma final, postula una compaginación y un cierto equilibrio en las responsabilidades, si bien, en muchos casos, no es fácil definir los límites de cada una de ellas.

48. ¿Es cierto que en la Biblia lo principal es lo espiritual y que por eso no se habla de la justicia social?

De ningún modo. Algunas de las páginas más bellas de la Biblia, especialmente en los profetas y en los Evangelios, hablan exclusivamente sobre la justicia social y la relación entre pobres y ricos.

Los profetas constantemente atacan a los que usan su poder (religioso, económico, político y judicial) para enriquecerse a costa de los demás. No es justo que unos tengan de sobra mientras otros no tienen lo necesario. Además de los muchos textos de los profetas, es útil leer el capítulo 15 de Deuteronomio, que contiene el ideal y la realidad del plan de Dios, al llevar a su pueblo a la tierra prometida "para que no haya pobres en ese país".

San Lucas, más directamente que los demás evangelistas, habla de la dimensión social de las riquezas y de las responsabilidades de los ricos. La conversión ideal en Lucas es la de Zaqueo, quien acaba dando la mitad de sus bienes a los pobres y restituyendo lo que había defraudado.

San Pablo parece ambiguo, según el texto que se lea. Esto se debe a que Pablo habla de diverso modo a los pobres y a los ricos. Cuando escribe a los corintios (entre los cuales había pocos ricos, nobles o sabios) les dice que cada uno se quede como estaba cuando lo llamó el Señor, y si es esclavo que no se preocupe. Sin embargo, cuando Pablo le escribe a Filemón, dueño de un esclavo a quien Pablo había convertido y bautizado, le dice que tiene que recibir al esclavo como a un hermano querido en Cristo. Esta doctrina borra las barreras sociales que podían haber existido entre los cristianos, y crea una comunidad de hermanos, que es la meta final de la verdadera justicia social.

~ III ~
Nuevo Testamento

49. ¿Qué son y cómo son los Evangelios apócrifos? ¿Qué valor tienen?

Los llamados Evangelios apócrifos (no son realmente Evangelios) contienen narraciones sobre la vida de Jesús, María, José, Pedro y otros personajes mencionados en el Nuevo Testamento. Estos libros se escribieron varios siglos después de Cristo, y venían a contestar a preguntas e intereses de los cristianos que deseaban saber más sobre las personas que se mencionan en los cuatro Evangelios canónicos. Así, nos cuentan detalles, a veces fantásticos, sobre la niñez de Jesús y de María; también narran lo que sucedió con los apóstoles, María, Pilato, etc., después de la Ascensión de Jesús al Cielo. Algunas de las historias son tan exageradas que San Jerónimo, el gran conocedor de la Biblia, las llama "los delirios de los apócrifos".

Los verdaderos autores de estos libros se desconocen, aunque ellos atribuyeron estos Evangelios a otros apóstoles (Pedro, Tomás, etc.). Los autores se proponían enseñar o defender ciertas doctrinas de fe que no encontraban plena aceptación en la Iglesia. Algunos enseñan doctrinas claramente erróneas y herejes, y que contradicen las enseñanzas de los cuatro Evangelios canónicos y de San Pablo.

Como estos Evangelios apócrifos contienen a veces doctrinas que están de acuerdo con enseñanzas y dogmas de la Iglesia católica, algunas personas llegaron a imaginarse que la Iglesia sacó algunos de los dogmas de la fe de estos Evangelios. Esto no es cierto. Por el contrario, hay que decir que fueron precisamente esos dogmas de la Iglesia (por ejemplo, la Inmaculada Concepción y la Asunción de María) los que dieron origen a esas historias sobre María. Los autores de esos Evangelios creían esas verdades sobre María, y para que el pueblo también las creyera, inventaron historias sobre ellos. ¿De dónde les vino, en primer lugar, esa fe a los autores? ¿De la tradición desde el tiempo de los apóstoles?

Esos dogmas de fe sobre María se fundan en la fe de la Iglesia apoyada en los cuatro Evangelios (especialmente en San Lucas), sobre la relación entre Jesús y María, y la dignidad excelsa de la Madre de Jesús. María fue la primera y la mejor de las cristianas, y la que más se asemejó a Jesús y se identificó con él. Como Jesús, ella fue santificada antes de nacer; con él sufrió en el Calvario, y con él subió al Padre después del curso de su vida mortal.

50. ¿Fueron José y María de la dinastía de David o solamente lo fue José?

Según los datos evangélicos, parece más probable que solamente José, "descendiente de David" (Mt 1,20), fuera de la dinastía de David. María probablemente descendía de la tribu de Leví, de familia sacerdotal, ya que era pariente de Isabel, la esposa del sacerdote Zacarías, de la que se dice que era "descendiente de Aarón" (Lc 1,5). De ser esto así, Jesús legalmente era Hijo de David, por parte de José, y por parte de María era de la tribu de Leví, y pariente de sacerdotes. Esto estaría de acuerdo con los libros apócrifos judíos que esperaban un mesías que sería descendiente de Judá y de Leví. La función excelsa de José en el nacimiento de Jesús, fue el ser escogido para transmitir a Jesús el título mesiánico de Hijo de David.

51. ¿Fue Jesús hijo único de María?

Los Evangelios dicen claramente que Jesús es el Hijo único engendrado del Padre, y que también fue el hijo primogénito de María (ver Lc 2,7; Mt 1,25). El título de primogénito, que San Lucas da a Jesús no quiere decir que María tuviera otros hijos después de Jesús, sino que Jesús fue el primer hijo y que, en cuanto primogénito, tenía una dignidad y unos derechos especiales y debía ser presentado en el templo ante el Señor para ser rescatado por medio de un sacrificio (ver Ex 13,2; Lc 2,22-38). San Lucas, al decirnos que Jesús fue primogénito, no habla de un hecho simplemente físico y cronológico, ya que tiene en mente el aspecto teológico y religioso del nacimiento de Jesús que prepara la escena de Simeón y Ana en la presentación del templo. San Mateo afirma también claramente que Jesús nació de una virgen, por lo que fue el primer hijo de María (Mt 1, 18-25).

La tradición cristiana desde los primeros siglos, ha enseñado que Jesús nació de la "siempre virgen María", dando a entender que Jesús fue el único hijo de María. Así los primeros cristianos no encontraron dificultad al leer en los Evangelios sobre los hermanos de Jesús, ya que para ellos no se trataba de hijos de María (ver pregunta núm. 53).

La doctrina de la virginidad perpetua de María y de que Jesús fue su único hijo se encuentra también reflejada en los Evangelios apócrifos, en los que se cuentan historias fantásticas, pero de gran interés, sobre el nacimiento de Jesús y sobre el período de su vida oculta. Los escritores de esos Evangelios inventaron algunas de esas historias para probar que María fue siempre virgen y que no tuvo más hijos que Jesús. Nos dicen, por ejemplo, que José era un anciano de edad muy avanzada, que fue milagrosamente escogido para ser esposo de María y cuidar de ella, porque María era una niña angelical. Los autores suponen que José, en su edad avanzada, deja a María virgen intacta.

Aunque las historias que esos Evangelios apócrifos cuentan sean falsas, sin embargo, los autores que las escribieron lo hicieron porque ellos creían (y querían que los demás creyeran) que María fue siempre virgen; ¿De dónde les vino esa fe? ¿La heredaron por tradición de las mismas fuentes de los sucesos milagrosos que narran Mateo y Lucas?

El Evangelio de San Juan puede sugerir que Jesús fue hijo único de María, especialmente si tenemos en cuenta la escena de María al pie de la cruz (Jn 19,25-27). Jesús encomendó a su madre al cuidado del discípulo amado y éste la recibió en su casa. Esto sería extraño y difícil de entender en caso de que María tuviera otros hijos, ya que les tocaba a ellos cuidar de su madre. María, pues, no se quedó sola al perder a su único hijo, ya que éste se la entregó a su amigo y discípulo para que la recibiera como madre. Desde entonces María tiene muchos hijos espirituales que son los hermanos de Jesús y los hijos del mismo Padre.

52. ¿Por qué llamamos madre de Dios a María si solamente es madre de Jesús?

María es Madre de Jesús y Madre de los cristianos. Los Evangelios lo enseñan de diversos modos y la Iglesia, desde los tiempos más antiguos, la llamó Madre. Del mismo modo que cuando el Padre envió a su Hijo al mundo, lo hizo llamando a María para que fuera Madre de Jesús, así también, cuando el Padre nos acepta como hijos suyos, lo hace a través de la maternidad de María. Nosotros somos plenamente hermanos y hermanas de Jesús, porque tenemos el mismo Padre y la misma Madre.

San Juan nos presenta a María al pie de la cruz de Jesús, en el momento en que a Jesús le llegó "su hora", ahí también "le llegó su hora" a María y se convirtió en Madre nuestra. "He ahí a tu Hijo". Jesús y María tienen la misma hora, y en medio del dolor mutuo dan vida, y nace la Iglesia.

La función de María y la de Jesús al dar vida son subordinadas a la acción del Padre, que es la fuente última de toda vida. Jesús vino para que tengamos vida en abundancia. María es Madre nuestra por voluntad de Jesús, y su misión es alimentar y dirigir la vida que hemos recibido del Padre a través de Jesús. María ejerce su maternidad de modo semejante al que lo hizo en Caná. Allí tuvo una doble función: presentar a Jesús la necesidad de la gente ("No tienen vino") e invitar a los servidores a hacer la voluntad de Jesús ("Hagan lo que él les diga"). Los cristianos vamos a María con nuestras necesidades para que las presente a Jesús, y ella nos invita a amarnos como hermanos en Jesús, como hijos de ella.

53. ¿Quiénes eran los hermanos del Señor?

Recordando lo que se ha dicho en la respuesta a la pregunta num. 51, los hermanos de Jesús no pueden ser hijos naturales de María. Por esto, a través de los siglos, se han buscado varias posibilidades para interpretar los textos evangélicos que nos hablan de los hermanos del Señor (Mc 3,31-35; 6,3; Mt 12,46-55; Lc 4,42; Jn 2,12; He 1,14; etc.).

1. En los Evangelios, la expresión "hermanos de Jesús" aparece en el ambiente arameo de Galilea, especialmente en Nazaret. Según el genio de la lengua aramea y hebrea, los hermanos de Jesús son ciertamente sus parientes cercanos, ya sean medios hermanos, tíos o primos. En el lenguaje bíblico, un tío puede decirle a su sobrino: "somos hermanos" (Gén 13,8).

2. Una tradición antigua, aunque sin pruebas sólidas, enseñaba que los hermanos y hermanas de Jesús eran hijos e hijas de San José por un matrimonio anterior, y presentaba a José como viudo y de edad avanzada cuando se casó con María. Esta tradición, como dijimos, fue probablemente inventada para salvaguardar la virginidad perpetua de María, pero no tiene ningún fundamento.

3. La palabra hermano puede también designar en la Biblia a los correligionarios y a los miembros de un mismo pueblo o raza (Rom 9,3). En este sentido, los habitantes de Nazaret podían ser considerados de un modo especial como hermanos de Jesús.

4. Hay quienes creen que los hermanos de Jesús eran también hijos de María, aunque, como vimos en la pregunta núm. 51, esta opinión tiene muy pocas probabilidades de ser verdadera.

54. ¿Cuál fue el apellido de Jesús?

En el período bíblico no tenían apellidos, tal como los tenemos ahora nosotros. Para distinguir a las personas del mismo nombre, normalmente se mencionaba o añadía el nombre del padre, y a veces el de la madre, o también la ciudad o región de procedencia. Así, Jesús fue llamado "el hijo de José", "el hijo de María", "el de Nazaret" o "el nazareno", y "el galileo" (Jn 1,45; Lc 3,23; Mc 6,3; Mt 26,69). En nuestras propias regiones y en tiempos más tardíos, los apellidos fueron formándose de modo paralelo: Martínez y Jiménez (hijo de Martín o de Jimeno), Johnson (hijo de John); y Navarro, Gallego o Francés, etc. (originario de la región de Navarra, Galicia o Francia).

55. ¿Cómo fueron el físico y el carácter de Jesús?

El Evangelio no habla directamente de ello, aunque indirectamente podemos deducir algunas cosas:

a) Jesús tenía mucho poder de observación de la naturaleza y, como buen oriental, tenía una mentalidad muy poética.

b) Jesús debía ser afable y amable, ya que los niños se le acercaban con confianza.

c) Jesús no debió ser ni muy alto ni "chaparro", ya que entre los judíos de aquel tiempo un maestro debía tener buena figura. A Jesús le daban, casi instintivamente, el título de maestro.

d) Jesús debía ser buen atleta, por lo menos para caminar, no sólo durante su ministerio, sino ya antes, en su trabajo como carpintero y compañero de José. En su tiempo, los carpinteros no tenían talleres o carpinterías, sino que ejercían su profesión ambulando por las calles, a veces de pueblo en pueblo, para que la gente que necesitaba algún trabajo los llamara a sus casas. Jesús y José debían ser conocidos por lo que se podría llamar carpinteros ambulantes. Esto explicaría el que Felipe le dijera a Natanael que había encontrado "al hijo de José, el de Nazaret" (Jn 1,45), y que era conocido como carpintero. Cuando Jesús salió para su ministerio, no comenzaba una vida totalmente nueva, en el sentido de que ya estaba acostumbrado a caminar y a visitar los diversos pueblos de Galilea. La sorpresa grande fue, que el que había sido carpintero se había transformado en predicador.

e) Jesús debió ir vestido con la túnica común de los judíos de su tiempo; debió llevar barba y el pelo más o menos largo y partido a los lados de su cabeza.

f) Jesús era capaz de tener nuestras emociones humanas; se enojaba y alegraba; sabía llorar sobre Jerusalén y ante la tumba de su amigo Lázaro al ver el llanto de sus amigos.

56. ¿Qué dice la Biblia sobre el bautismo de los niños?

La Biblia dice que todos tienen que renacer del agua y del Espíritu Santo para poder ser salvados (Jn 3,5). También se dice que Jesús envió a sus apóstoles a enseñar a todas las gentes y a bautizarlas (Mt 28, 16-20). Algunos dirán que no se puede enseñar a los niños y que por lo tanto tampoco hay que bautizarlos.

La costumbre de bautizar a los niños viene desde la Iglesia primitiva. Parece ser que cuando uno se convertía "con todos los de su casa" todos, sin excepción, eran bautizados (He 16,32;

Jn 4,53). Pero esta costumbre no parece haber sido universal, ya que la primera carta a los Corintios parece decir indirectamente que los niños no habían sido bautizados, aunque sí santificados (ver 1 Co 7,14) en cuanto eran parte de una familia cristiana.

Las personas que miran al bautismo como un rito para lavar el pecado original heredado de Adán, naturalmente ven lógico que se bautice y lave a los niños lo antes posible. Los que ven en el bautismo una consagración del niño, al que se le destina para que crezca como Cristo, tampoco ven ninguna dificultad en el bautismo de los niños: sabemos que entre los judíos había la costumbre de consagrar al Señor algunos niños desde el día de su nacimiento o de su circuncisión. Los que ven en el bautismo un compromiso de ir en Cristo y como Cristo, a veces tienen dificultad en aceptar el bautismo de niños, y quieren que este sacramento se administre cuando la persona pueda aceptar el compromiso por sí misma.

A la luz del paralelo entre la vida natural y la vida del espíritu, podremos decir que no hay dificultad en aceptar el bautismo de niños, con tal de que la persona, cuando llegue a la edad adulta, acepte sobre sí las responsabilidad que el bautismo lleva consigo. Los papás a veces inscriben a un niño en un colegio desde el momento en que nace, para que pueda entrar en él cuando llegue a cierta edad. También los papás sacarán seguro para el niño, y harán muchas cosas por él, porque las ven convenientes, y solamente cuando el niño llegue a la madurez podrá apreciarlo y agradecerlo.

57. ¿Se puede decir que Jesús "se equivocó al escoger a Judas para apóstol"?

Aunque parezca ir contra la teología tradicional, habría que admitir en general que Jesús pudo a veces equivocarse, ya que Jesús se encarnó y se hizo en todo semejante a nosotros, menos en el pecado. Nosotros nos equivocamos, muchas veces con pecado a causa de nuestra imprudencia, pero otras veces sin pecado a causa de nuestras limitaciones humanas.

Jesús al encarnarse se limitó a una raza, una cultura, un pueblo, un lugar y tiempo determinado de la historia. Su situación tenía grandes limitaciones, que han sido superadas en parte con el pasar de los siglos, pero han surgido nuevas limitaciones que son fruto de la limitación básica inherente a la humanidad. No habría dificultad teológica, pues, en admitir que Jesús se pudo equivocar al escoger a Judas, aunque esto era parte del plan de Dios ya anunciado por los profetas.

Otra manera de mirar la pregunta es que Judas tuvo una vocación de labios de Jesús. El apóstol no fue fiel a esta vocación y llamada amistosa de Jesús. Jesús insistió hasta el final, tratando de ganárselo, y dándole pruebas de amor especiales; pero Judas tenía otras miras y rechazó a Jesús. La equivocación estuvo más bien en Judas que, o no conoció plenamente a Jesús, como los otros apóstoles, o si lo conoció, escogió el cerrarse y no aceptarlo como Mesías y Salvador en los términos en que Jesús se presentaba. Los judíos en general esperaban un Mesías libertador de la opresión del imperio romano, más que un maestro (como esperaban los samaritanos), o un redentor que subrayaba lo interior y espiritual como base de todos los demás.

La figura trágica de Judas que vendió al Señor, nos llama a reflexionar sobre los judas de nuestro tiempo, que están dispuestos a vender lo más sagrado, su fe, sus principios y su familia, para lograr una promoción o una ganancia temporal. Hay muchos que también venden a sus hermanos. Esto debería preocuparnos mucho más que todo lo que sucedió con Judas, ya que los evangelistas solamente nos dieron unos datos escuetos y limitados sobre lo que sucedió con el desgraciado apóstol.

58. ¿Quién es Judas Tadeo y dónde se le distingue de Judas Iscariote, el que traicionó al Señor?

San Marcos y San Mateo hablan del apóstol Tadeo, mientras que San Lucas habla de "Judas, hermano de Santiago". Estos Evangelios mencionan también a Judas Iscariote, el traidor. San Juan también añade el sobre nombre de Iscariote para Judas el traidor, ya que hacía falta para diferenciarlo del otro Judas, apóstol, hermano de Santiago. Como también había dos apóstoles llamados Santiago, cuando mencionan su nombres nos dicen que uno era hijo de Zebedeo y el otro era hijo de Alfeo.

San Judas Tadeo, el hermano de Santiago, es el autor de una de las cartas llamadas católicas que se encuentra en la Biblia a continuación de las cartas de San Pedro. Hay, sin embargo, especialistas en la Biblia que dicen que Judas Tadeo no escribió personalmente esta carta, ya que el autor no era uno de los doce apóstoles. Ese versículo puede tener diversas interpretaciones, por lo que parece más prudente aceptar que San Judas sí es el autor de la carta que se le atribuye.

Según la tradición, San Judas fue a predicar a Persia, la moderna Irán, donde murió mártir. En muchos lugares a San Judas se le considera el abogado de causas desesperadas o imposibles, habiendo llegado en esto a desplazar a Santa Rita de Casia.

59. ¿Por qué ayunar si los cristianos están llamados a la alegría?

El ayuno, de por sí, tiene poco que ver con la tristeza o la alegría, ya que todo dependerá del motivo por el que se ayune.

a) Hay quienes ayunan para mostrar su tristeza; ésta les hace perder el apetito; en la Biblia un significado del ayuno es tristeza o penitencia por el pecado.

b) Otros ayunan para adelgazar, buscando el bien de su cuerpo y su salud, lo cual puede tener su mérito.

c) Otros ayunan para someter su cuerpo a disciplina, de modo que aprendan a controlarse a sí mismo, y así poder luego vencer mejor las tentaciones.

d) A veces oímos de ayunos de protestas y las llamadas "huelgas de hambre". Esto tiene su valor, especialmente si se hace como una forma de protesta contra las injusticias y particularmente para proclamar ante el mundo que no hay derecho a que algunos se harten de comer cada día, mientras millones de personas en el mundo se están muriendo de hambre.

e) En la Biblia el ayuno va unido frecuentemente a la oración y la limosna, como medio especial de vencer ciertas tentaciones del demonio, y como expresión de dependencia total de Dios y de sus providencias. El ayuno es una de las muestras de que lo corporal es secundario y que lo espiritual y religioso son más importantes.

Jesús, como todos sabemos, ayunó 40 días, siguiendo los pasos de Moisés y de Elías. Los apóstoles ayunaban y recomendaron el ayuno (ver He 13,2ss; 14,22; 2 Co 6,5; 11,27; Mc 2,19ss.). Jesús manda no hacer alarde del ayuno, para que lo vean los hombres. Probablemente tenía en cuenta que los fariseos se gloriaban de ayunar dos veces a la semana (ver Mt 6, 16-18; Lc 18,12).

En el Antiguo Testamento el ayuno aparece como una práctica común en Israel, especialmente en casos de catástrofes nacionales, como penitencia por el pecado y como medio de obtener favores divinos. Los profetas dicen repetidamente que el ayuno más importante es el de abstenerse de obrar el mal y dedicarse a obrar el bien. El ayuno corporal debe ir acompañado de una disposición de espíritu de consagrar a Dios, apartándose del mal y practicando las buenas obras, especialmente a favor de los pobres, por la limosna.

60. ¿Cuál es el mejor título para los que creen en Jesús: cristianos, hermanos, santos o hijos?

Todos estos títulos me parecen igualmente buenos, pero como las personas son diferentes, a unas les gustará un título más que otro.

Hijos es el título más grande de honor que tenemos los creyentes y nos recuerda nuestra relación con el Padre.

Cristianos es un título que nos recuerda nuestra relación, identificación y vocación con Jesús el Cristo, el Ungido y Consagrado del Padre.

Hermanos es el título que Jesús resucitado dio a sus apóstoles (ver Jn 20,17) y que afirma la relación que hemos de tener los unos con los otros, y a la vez nuestra relación con el Padre y con Jesús. Este título lo usó repetidamente San Pablo.

Santos es un título muy usado por San Pablo en sus cartas y que nos recuerda nuestra vocación, y el modo de comportarnos que Dios nos pide.

Todos estos títulos, pues, expresan las diversas relaciones del creyente. Cuando nos damos cuenta de nuevas relaciones, podemos pensar en nuevos títulos, tales como: siervos de Dios, servidores o diáconos, apóstoles, discípulos, testigos, etc. Lo importante no es el nombre sino como se vive la vida cristiana.

61. ¿Afirma la Biblia la divinidad de Cristo? ¿Por qué dice Juan 14,28 que el Padre es más que Jesús?

La Biblia afirma claramente la divinidad de Jesús, aunque lo hace de un modo teológico y vital, mucho más significativo e inspirador que nuestro modo de expresarlo hoy, cuando decimos que "Jesús es Dios" o que "Jesús es la Segunda Persona de la Santísima Trinidad".

Ya San Pablo, que es el primero que escribe en el Nuevo Testamento, tiene una idea bien clara de la grandeza de Jesús, tal como lo expresa especialmente en las cartas a los Colosenses y a los Gálatas. Pero los escritores posteriores son los que más claramente nos hablan sobre la divinidad de Jesús, aunque su finalidad no es el contarnos quién es Jesús en sí mismo, o para sí mismo, sino, más bien, decirnos cómo es Jesús Dios para nosotros.

San Mateo cierra su Evangelio con la narración de la última aparición de Jesús a sus discípulos en Galilea. En ella nos presenta a Jesús como el equivalente a Yahvé del Antiguo Testamento: Jesús tiene "todo poder en el Cielo y en la tierra", y envía a sus discípulos a predicar, prometiéndoles: "Yo estaré con ustedes hasta el final de los tiempos". En el Antiguo Testamento es Yahvé el que promete su asistencia y presencia a sus mensajeros enviados a una tarea difícil. A Moisés y a los profetas, como también a algunos reyes, les promete: "No tengas miedo, Yo estaré contigo". Jesús también acompaña y asiste a los suyos.

San Juan, en el prólogo de su Evangelio, nos presenta a Jesús como el Verbo encarnado que "era Dios" ya desde el principio. Al final del Evangelio, en la aparición a Tomás, Jesús vence la incredulidad humana que confiesa: "Señor mío y Dios mío". Sin embargo San Juan, que proclama a Jesús Dios con tanta claridad, pone en labios del mismo Jesús la afirmación de que el Padre es mayor que él. Un modo sencillo de entender esto es el tener en cuenta que Jesús es el Dios encarnado que acepta las limitaciones e imperfecciones de la naturaleza humana y se hace en todo semejante a nosotros menos en el pecado. En este sentido, mientras está en este mundo, con la carga de nuestras limitaciones, y consciente de ellas, Jesús puede afirmar y subrayar la grandeza del Padre.

62. ¿Hizo Jesús realmente milagros o las narraciones son solamente historias o mitos?

La mayoría de los especialistas afirman que Jesús hizo verdaderos milagros; ésta es también la doctrina de la Iglesia. Algunos de los milagros de Jesús están narrados con gran simbolismo, a modo de historia o de parábola, para enseñar doctrinas especiales. Por ejemplo, el milagro del ciego de nacimiento (Juan 9,1-41) sirve para enseñar la doctrina del bautismo cristiano, y los dos milagros de curaciones de ciegos en San Marcos (8,22-26 y 10,46-52) sirven para ilustrar la iluminación de Pedro y de los demás apóstoles.

Sin embargo, es también posible ver los milagros de Jesús como narraciones que prueban el cumplimiento de las profecías, especialmente las de Isaías (35,5-6; 42,16-18; 61,1-2; 53,5). La misión del profeta fue abrir los ojos de los ciegos, curar cojos y sordos, liberar a los cautivos, etc. El profeta hizo todas estas cosas en un sentido espiritual sin hacer milagros físicos que conozcamos. En vista de esto, sería posible interpretar los milagros que se cuentan de Jesús como una manera de hablar para indicar que los pobres y los necesitados, así como los marginados y despreciados, fueron los que se abrieron al mensaje de Jesús, mientras que los que tenían en sus manos el poder y no quisieron escucharlo, permanecieron espiritualmente ciegos (Jn 9,40-41). Una doctrina parecida se encuentra en 1 Co 1,26-28: Dios, providencialmente, ha permitido que los pobres y los que valen poco a los ojos del mundo abran sus ojos y corazones al mensaje cristiano. Sin embargo, la Iglesia en su Magisterio ordinario ha entendido las narraciones bíblicas de milagros como hechos realmente sucedidos, que explican y ayudan a entender los frutos de la obra de Jesús.

63. ¿Por qué es el Evangelio de San Juan tan diferente de los otros Evangelios?

Esta pregunta parece suponer que los otros tres Evangelios son muy semejantes entre sí, pero esto es sólo parcialmente cierto. Los tres primeros Evangelios, los sinópticos, podrían compararse a niños gemelos de una familia. Para las personas que solamente los ven de vez en cuando parecerán muy semejantes y hasta idénticos, pero para los miembros de la familia y para los que viven en contacto continuo con ellos, estará bien claro que tienen personalidad, genio y gusto muy diferentes.

San Juan, al escribir, tiene intereses diferentes de los de los otros evangelistas, y tiene en mente lectores de cultura algo distinta y se adapta a ellos en su modo de expresarse. Mientras que los tres primeros Evangelios nos presentan a un Jesús que es, ante todo, el maestro que enseña las virtudes y las disposiciones que sus discípulos deben poseer (oración, limosna, ayuno, generosidad, etc.) y la manera en que deben comportarse, el Evangelio de San Juan nos presenta a Jesús como modelo de virtud, con el que se deben identificar sus discípulos. Estos deberán obrar y hablar tal como Jesús obró y habló. Como Jesús, los discípulos deberán ser luz, camino, pastores buenos, resurrección y vida, etc,: el amor será la clave para esto.

Las diferencias principales entre el Evangelio de San Juan y los sinópticos abarcan principalmente:

La geografía (los sinópticos narran el ministerio de Jesús en Galilea y el viaje final de Jesús a Jerusalén para la pasión, mientras que Juan narra también el ministerio en Judea, y varios viajes de Jesús a Jerusalén).

La cronología (en los sinópticos el ministerio parece durar solamente un año, de modo que, al llegar la fiesta de la Pascua, Jesús va a Jerusalén y muere allí; mientras que en el Evangelio de Juan el ministerio de Jesús dura más de dos años (ya que se mencionan tres fiestas de Pascua diferentes).

El contenido de la predicación (en los sinópticos Jesús anuncia la llegada del Reino de Dios, da preceptos variados e invita a la práctica de las virtudes, mientras que en el Evangelio de San Juan el mensaje se centra en la persona de Jesús y en su relación con el Padre, y el único precepto es el del amor hasta el extremo, según el ejemplo de Jesús.)

64. Cuando Jesús fue tentado por el demonio, ¿fue tentado de verdad o únicamente en su mente?

La pregunta parece suponer que cuando uno es tentado en su mente no es tentado de verdad, a no ser que por esa expresión se quiera significar una tentación externa y física. La opinión tradicional defiende que Jesús fue tentado externamente, ya que dentro de sí mismo tenía tal control de todas sus facultades que no podía surgir en él ningún género de tentación.

Actualmente hay especialistas que piensan que las tentaciones de Jesús son una manera de narrar parabólicamente, y en forma de historia, lo que realmente sucedió a lo largo del ministerio de Jesús, en una lucha y confrontación que culminó en su pasión, y en la victoria final de Jesús en la resurrección. A lo largo de la vida pública de Jesús, los judíos lo tentaron repetidamente con preguntas malintencionadas, para hacerle caer en sus trampas, que hiciera milagros y que se declarara abiertamente Hijo de Dios. Al vencer esas tentaciones, Jesús vencía las tentaciones del demonio; esas tentaciones fueron externas y vinieron de los que en ese momento de la historia fueron instrumentos del demonio.

Las tentaciones de Jesús, además, para los evangelistas, son una repetición y condenación de la experiencia y de las tentaciones del pueblo de Israel en el desierto (ver Mt 4,1-11; Dt 8,3; Sal 91,11-12; Dt 6,16). Jesús revivió —volvió a vivir— la experiencia de Israel, y los cristianos volverán a vivir la experiencia de Jesús en sus tentaciones y luchas.

65. ¿Quién es, o cómo es, el demonio?

Esta pregunta no tiene respuesta fácil. La tradición cristiana ha dado descripciones muy concretas y detalladas sobre la personalidad y acción del demonio, especialmente relacionadas con fenómenos que suceden en el crecimiento en la vida espiritual. Sin embargo, en la Sagrada Escritura la terminología usada para describir al demonio es bastante variada, y las palabras que usa son, las más de las veces, oscuras o ambiguas, dejándonos la impresión de que el demonio es solamente una parte, aunque principal, del misterio del mal. Algunos de los textos bíblicos más importantes sobre el demonio son los siguientes:

- "Ahora es el juicio del mundo; ahora el amo de este mundo va a ser echado fuera" (Jn 12,31).

- "Echaron, pues, al enorme Monstruo, a la Serpiente antigua, al Diablo o Satanás, como lo llaman, al seductor del mundo entero, lo echaron a la tierra y sus ángeles con él" (Ap 12,9; Ver Ap 19,11-21 y 20,7-10).

- "Pónganse la armadura de Dios, para poder resistir las maniobras del diablo. Porque nuestra lucha no es contra fuerzas humanas, sino contra los Gobernantes y Autoridades que dirigen este mundo y sus fuerzas oscuras. Nos enfrentamos con los espíritus y las fuerzas sobrenaturales del mal" (Ef 6,11-12).

- "Dios no perdonó a los ángeles que pecaron, sino que, los encerró en cavernas tenebrosas, arrojándolos al infierno, y reservándolos para el día del juicio" (2 Pe 2,4).

- "Hizo lo mismo con los ángeles que no conservaron su domicilio, sino que abandonaron el lugar que les correspondía: Dios los encerró en cárceles eternas, en el fondo de las tinieblas, hasta que llegue el gran día del Juicio" (Jud 6).

- "Sean sobrios y estén despiertos, porque su enemigo, el diablo, ronda como león rugiente, buscando a quien devorar. Resístanle firmes en la fe" (1 Pe 5,8-9).

Por estos textos y otros parecidos se podría decir que el demonio es un ser misterioso, que sólo puede ser humanamente descrito por medio de metáforas e imágenes. El demonio es todo eso y algo más. La tradición teológica aplica al demonio las palabras de Isaías (14,12-15):

"¡Cómo caíste desde el cielo, estrella brillante, hijo de la Aurora? ¿Cómo tú, el vencedor de las naciones, has sido derribado por tierra?

En tu corazón decías: 'Subiré hasta el cielo, y levantaré mi trono encima de las estrellas de Dios, me sentaré en la montaña donde se reúnen los dioses, allá donde el Norte se termina, subiré a la cumbre de las nubes, seré igual al Altísimo'

Mas ¡ay! has caído en las honduras del abismo, en el lugar adonde van los muertos".

Estas palabras recuerdan el deseo desordenado de ser como Dios por parte de Adán y Eva y de reyes a quienes cegó el orgullo (Cf. Ez 28,2). La teología tradicional vio en este texto, como pintado, el ejemplo "clásico" de la caída del demonio, si bien la Sagrada Escritura no dice nada directamente sobre el caso.

La tradición judía contenida en los libros apócrifos de Henoc y de Jubileos, básicamente supone que existen dos clases de demonios:

a) los llamados "hijos de Dios" (Gén 6,1-4), que se convirtieron en demonios y que están encadenados en el infierno hasta el día del juicio (ver 2 Pe 2,4; Judas 6).

b) los nefilím o gigantes (Gén 6,4), que se convirtieron en "pobres diablos" que van por el mundo tentando a los hombres (ver Mt 8,29): "Has venido aquí para atormentarnos antes de tiempo". Con la llegada de Jesús y la expulsión de los demonios, llega el Reino de Dios, y se da el juicio del mundo y del demonio (ver Mt 12,28; Jn 12,31).

66. ¿Quién puede arrojar demonios hoy día?

Cuando Jesús envió a sus discípulos a predicar, les dio muchos poderes, entre ellos el de arrojar demonios. Esos poderes continúan hasta hoy en la Iglesia. La Iglesia católica ha tenido durante siglos el ministerio especial de "exorcistas", o personas oficialmente designadas para arrojar demonios. La acción del hombre en lucha directa contra el espíritu del mal es algo muy serio y peligroso, ya que se corre un gran riesgo, por lo que se buscan personas de gran experiencia y santidad.

Hay todavía muchos demonios en el mundo, aunque probablemente menos que en tiempos de Jesús, porque el poder del bien y de la redención de Jesús se van afirmando gradualmente; pero el demonio y el mal recurren a nuevas formas de presencia y a nuevos artificios. Hay demonios de egoísmo y maldad, que son arrojados por la palabra de Jesús, que tiene este poder (Mc 1,21-26); por la lectura y la vivencia de la Sagrada Escritura que nos ayuda a vencer ciertos tipos de demonios. Otros tipos de demonios son arrojados por medio de la oración y del ayuno.

Los casos que se mencionan popularmente como de posesión diabólica, en su mayor parte, no son casos de intervención directa del demonio, sino que son efectos psicológicos del mal y del pecado personal y de otros, que puede dejar heridas muy profundas en el espíritu humano. En estos casos se necesita una sanación espiritual a través de la oración.

67. ¿Por qué permite Dios que haya tanto mal en el mundo?

Esta pregunta casi le echa la culpa a Dios de lo que sucede en el mundo, cuando en realidad somos nosotros los que permitimos y somos causa de que existan tantos males. A veces cuando mueren tres niños inocentes en un incendio, la gente se pregunta cómo lo permite Dios, pero no se le ocurre preguntarse por qué mueren millones de niños inocentes aun antes de nacer, o por qué mueren tantos millones de niños y de adultos cada año a pesar de que hay alimentos de sobra en el mundo. Todo se debe al egoísmo humano.

El pecado entró en el mundo a causa de Adán. La muerte entró, no porque a Abel se lo comió un león, o porque se cayó de un árbol, sino porque su hermano Caín lo asesinó. Así sigue entrando y reinando la muerte hasta hoy. Es muy cómodo hacer preguntas a Dios, aunque de buena fe, y así desentenderse de la responsabilidad que todos tenemos del mal que reina en nuestro mundo.

Dios nos permite obrar el mal porque nos ha hecho personas libres y no "robots". El mal, a veces, viene como castigo de otros males, ya que los pecados producen otros pecados en los que reciben su castigo. Dios también sabe sacar bien del mal; pero, de todos modos, el mal siempre tendrá un elemento de misterio. El mal dio muerte al mismo Hijo de Dios, y de ese modo puso el germen de su propia destrucción y muerte.

68. ¿Es verdad que Jesús prefirió a los pobres y que no quiso a los ricos?

Jesús amó a pobres y a ricos sin distinción, pero de modo diferente. Parece que Jesús se asociaba, por lo menos ocasionalmente, con toda clase de personas. Jesús con sus acciones mostró una preferencia por los pobres, que venían a él con sus necesidades y enfermedades, y por los pecadores, y hasta comía con ellos (Lc 15,1-2). Pero Jesús de ningún modo estaba *contra* los ricos. Por el contrario, Jesús tenía amigos ricos y también comía con ellos y participaba en sus "banquetes" junto con sus discípulos y otras personas (Lázaro, Zaqueo, Simón el Leproso, Mateo, el dueño del cenáculo, etc.) Jesús iba a los ricos y les ofrecía su amistad, pero les pedía "conversión", que concretamente era el compartir sus riquezas con los pobres. El joven rico no tuvo valor para convertirse de ese modo (ver Mc 10, 17-22); Mateo lo dejó todo y siguió a Jesús; Zaqueo se convirtió y decidió dar a los pobres la mitad de sus bienes. Jesús a los ricos les pedía un corazón compasivo, con acciones concretas de caridad. Lucas insiste en la obligación de aceptar a los pobres como hermanos, y de invitar a los que no puedan pagar, devolviéndote la invitación.

Jesús ofreció su amistad y aprecio (amor) a los pobres y pecadores. Esto era un gran don en medio de un mundo que los despreciaba y rechazaba. Jesús a los pobres les pedía fe y conversión a Dios, de modo que vieran en él la única fuente de esperanza y confianza; les ofrecía sanación, y les daba la paz profunda y la alegría de sentirse en comunión con Dios. Jesús mismo trabajó hasta los 30 años como un obrero humilde. Él da a todos los pobres la esperanza de trabajar para superarse y mejorar su situación.

69. ¿Por qué la Iglesia no cree en la reencarnación si los partidarios de esa doctrina se apoyan en Mt 11,14?

La Iglesia no cree en la reencarnación, pero sí cree en algo casi equivalente. La Biblia nos dice que Dios suscita en la historia de su pueblo a personas animadas por las mismas virtudes y los mismos sentimientos que algunos de los antepasados. Así, un rey fiel al Señor y justo es "un nuevo David" (Jer 30,9); un rey sabio es un nuevo Salomón, etc. Juan Bautista es un nuevo Elías, no en la carne, sino por el espíritu que lo anima y mueve. Cada cristiano está llamado a reencarnar a Cristo en su vida y en su historia, de manera que lo anime el mismo Espíritu que animaba a Jesús, y hable, obre y sienta como Jesús lo haría hoy, en la situación y condición de cada cristiano particular.

Como nosotros somos espiritualmente tan limitados, solamente encarnamos defectuosa y parcialmente algunos de los aspectos y de las virtudes de la personalidad de Jesús, si bien estamos llamados a luchar por llegar a la perfección de esa imitación.

70. ¿Es verdad que se pueden aparecer los muertos?

Todo depende de la voluntad de Dios, que puede resucitar a los muertos y puede también hacer que se aparezcan. Esto último, Dios no lo hace con mucha frecuencia.

Sabemos que Jesús resucitó y se apareció muchas veces a sus discípulos, según lo cuentan los Evangelios y San Pablo. A la vez que Jesús, según San Mateo, otras personas resucitaron:

> "En ese mismo instante la cortina del santuario se rasgó en dos partes, de arriba abajo; la tierra tembló, las rocas se partieron, los sepulcros se abrieron y resucitaron varias personas santas que habían llegado al descanso. Estas salieron de las sepulturas después de la resurrección de Jesús, fueron a la Ciudad Santa y se aparecieron a mucha gente" (Mt 27,51-53).

En el Antiguo Testamento, donde se habla muy poco de la resurrección de los muertos, se cuenta la aparición de un muerto, el profeta Samuel, por intervención de una pitonisa o bruja. Puede leer la historia en 1 Sam 28. Esta narración, probablemente, sirve para recalcar la perversión del rey Saúl, que no se detenía ante nada cuando se proponía algo. Para su castigo, Dios permitió que el profeta Samuel apareciera y le anunciara su muerte, ya que todo está en manos de Dios y se hace según su voluntad. Las "apariciones" de los espiritistas modernos no tienen nada que ver con Dios, y está bien probado que son el fruto de trucos y artimañas para engañar a la gente crédula y de poca cultura.

La tradición nos cuenta muchas apariciones de la Virgen María y de los santos. No hay razón especial para negarlas, ya que Dios puede permitirlas para el bien espiritual de los vivos. No hay que creer en apariciones sin propósito, o para asustar, porque Dios no juega con nosotros.

71. ¿Por qué no se perdona la blasfemia contra el Espíritu Santo?

Las palabras de Jesús sobre un pecado "imperdonable" contra el Espíritu Santo, han sido interpretadas de muchos modos y con muchos errores. En primer lugar, hay que tener presente que las palabras de Jesús sobre un "pecado eterno" parecen reflejar la opinión judía que aparece en los libros apócrifos, de que había pecados que se perdonaban después de la muerte, mientras que otros pecados no se perdonaban.

También, las palabras de Jesús, más que como una afirmación doctrinal sobre lo que Dios perdona o no perdona, hay que mirarlas como una amenaza encaminada a mover a los que escuchan, para que se conviertan.

En otros lugares de la Biblia se nos dice que Jesús muere para perdonar todos los pecados. No hay ningún pecado que no pueda ser vencido por los méritos del amor de Jesús que lo llevó a la cruz. Sin embargo, los poderes de Jesús para salvarnos están condicionados por nuestra disposición. Jesús no quiere forzar nuestra voluntad. Cuando Jesús fue a Nazaret, nos dice el Evangelio que "no pudo hacer milagros allí" a causa de su falta de fe.

En el texto de Mc 3,29 y paralelos, donde se habla de la blasfemia contra el Espíritu Santo, no se trata de alguna especie de insulto dirigido contra el Espíritu Santo. Las palabras de

Jesús son probablemente una amenaza a sus enemigos para que reflexionen y cambien de actitud. El pecado que estaban cometiendo (concretamente, la blasfemia contra el Espíritu Santo) era atribuir voluntaria y deliberadamente las obras patentes de Dios al poder del demonio. Escogían ver la mano del demonio donde claramente estaba la mano de Dios.

Era una actitud perversa de ceguera voluntaria, que corría el peligro de convertirse en ceguera permanente o pecado eterno, ya que los incapacitaba psicológica y teológicamente para convertirse. Si seguían por ese camino, se iban a volver incapaces de convertirse o arrepentirse.

72. En la comunión, ¿comemos el Cuerpo y bebemos la Sangre de Cristo o solamente recibimos a Jesús de una manera espiritual?

Posiblemente esta pregunta tiene en mente la doctrina de otras iglesias que niegan la presencia real de Jesús en la Eucaristía. La doctrina de la Iglesia católica es bien clara, ya que la Iglesia enseña como doctrina de fe que las palabras de Jesús ("Esto es mi cuerpo") hay que entenderlas como suenan. Ante estas palabras muchos cristianos reaccionan del mismo modo que reaccionaron los judíos al oír las palabras de Jesús, ya que murmuraban y decían que era una doctrina dura de aceptar y podríamos decir, "dura de tragar" (Jn 6,48-60). San Pablo habla en términos claros de la presencia de Jesús en el pan y el vino consagrados:

> "Así, pues, cada vez que comen de este pan y beben de la copa, están proclamando la muerte del Señor hasta que venga. Por tanto, si alguien come el pan y bebe de la copa del Señor indignamente, peca contra el Cuerpo y la Sangre del Señor" (1 Co 11,26-27).

Sin embargo, las palabras de la Biblia sobre este tema, así como las enseñanzas de la Iglesia han sido tomadas en un sentido literal o "materializado" Jesús hablaba de su Cuerpo y de su Sangre según la mentalidad judía de su tiempo para poder ser entendido por los que lo oían. Para poder entender correctamente las palabras de Jesús debemos tener en cuenta su significado para los oyentes de Jesús, y debemos evitar la tentación de entenderlas a nuestro modo y de engañarnos.

El discurso de Jesús sobre la Eucaristía en el Evangelio de San Juan explica la enseñanza de fe de la Iglesia. La primera parte del discurso (Jn 6,26-47) se puede decir que es "doctrinal", y si solamente tuviéramos esta sección, todo lo que dice Jesús se referiría perfectamente a su doctrina. Dice que el que come su pan no tendrá hambre, del mismo modo que antes le había dicho a la samaritana que el que beba del agua que él dará jamás tendrá sed (Jn 4,13-15 y 6,35).

La segunda parte del discurso es claramente "sacrificial" y tiene en cuenta el lenguaje de los sacrificios judíos y la práctica de los primeros cristianos de celebrar la Eucaristía o la "fracción del pan" como el sacrificio de la Nueva Alianza. Habla para los judíos (y el evangelista escribe para los cristianos) con el lenguaje de los sacrificios del templo de Jerusalén. Este lenguaje es una aproximación para explicar el misterio de la presencia de Jesús y de la comunión con él.

En el templo, al ofrecer sacrificios, parte de la víctima era quemada y dedicada a Dios, y parte era comida por los oferentes en un banquete sagrado, comiendo la víctima que había sido "consagrada". En ese banquete sagrado entraban en convivencia y comunión con la divinidad, participando del mismo alimento. Jesús y el evangelista, al recurrir a este lenguaje, nos enseña que comiendo "su Cuerpo y su sangre" entramos en comunión *total* con él. Jesús se da todo a los suyos y no se reserva nada. Su cuerpo y su sangre designan a *toda su persona*.

73. ¿Por qué hay que llamar padre al Papa y a los sacerdotes si Jesús lo prohibió?

Para entender el significado correcto de la "prohibición" de Jesús, hay que tener en cuenta las circunstancias en las que Jesús hablaba, y la intención del evangelista al contarnos la historia. Jesús estaba corrigiendo a los fariseos, quienes se enorgullecían cuando los llamaban "maestros", "padres" o "guías" (Mt 23,8-12) y que buscaban que los invitaran a banquetes y a ocupar los primeros lugares en las sinagogas. Les gustaba "figurar". Jesús iba contra todas las fachadas o máscaras de orgullo que nos separan del verdadero Padre y Maestro, y que solamente sirven para poner barreras entre las personas.

Cuando San Mateo escribía, esta advertencia de Jesús tenía un sentido especial para los cristianos que provenían del judaísmo, ya que ponía el dedo en la llaga en una materia que podía ser una tentación bastante común para ellos. Había entonces (como lo ha habido siempre) el peligro de que surgieran nuevos tipos de fariseísmo en la naciente comunidad cristiana.

Hoy día, el dar el titulo de "padre" o "maestro" a una persona no parece ser ocasión o motivo de orgullo, sino que se ha convenido en una manera "normal" de hablar. Hoy, quizás, Jesús nos diría más bien: "No llamen a nadie doctor, licenciado, abogado, etc.", ya que estos son títulos en los que se suele enorgullecer la gente "mundana", y que sirven para crear diferencias sociales.

Como cristianos, nuestro único título de honor es el de "hijos" del mismo Padre y "hermanos" en Jesús. Como San Juan y San Pablo escribían en circunstancias diferentes a las de San Mateo, no tenían dificultad en llamar "hijos" a sus discípulos, y en considerarse "padres" de aquellos a quienes habían engendrado en la fe (1 Co 4,15).

74. ¿Es verdad que al fumar y beber manchamos el templo de Dios que es nuestro cuerpo?

No solamente nuestro cuerpo sino que todo nuestro ser es morada del Señor que habita en nosotros. No hay que suponer simplemente que el cuerpo material es el templo y que se mancha con cosas materiales (humo o vino) que entran por la boca.

Ya Jesús decía que lo que mancha al hombre no es lo que entra por la boca sino lo que sale del corazón (Mc 7,14-23). Lo único que mancha a los ojos de Dios es el pecado, en cualquiera de sus formas. El fumar o el tomar licor no es pecado, con tal de que se haga con moderación, de acuerdo a las opiniones de los médicos, de modo que no hagan daño a la salud. El tomar con exceso es pecado como también lo es el comer con exceso, o comer sustancias que puedan dañar la salud. También es pecado tomar drogas, ya se tomen por la boca, por la nariz por inyección. El pecado esta en el daño que se hace a la persona, al no cuidar bien y proteger los dones (incluido el cuerpo) que el Señor nos ha dado. La Biblia no habla directamente ni del fumar ni de las drogas, porque entonces no existían, pero los principios de la Biblia de respetar los dones del Señor son la base para la solución de esta y de otras preguntas semejantes.

Hay que notar, además, que en la Biblia la idea de "templo" de Dios se va explicando gradualmente. El templo es la residencia del Dios, por lo que en el Antiguo Testamento, el templo de Jerusalén, así como el mismo pueblo de Israel, pueden ser llamados templo o tabernáculo de Dios. En el Nuevo Testamento, Jesús es el Templo de Dios por excelencia. Jesús desafió a los judíos a destruir "el templo" de su Cuerpo, ya que en toda su persona habitaba la divinidad, y los judíos solamente podían destruir el Cuerpo material de Jesús.

Nosotros los cristianos somos de un modo especial "templos" de Dios que habita en nosotros. La Iglesia o comunidad es también "templo" de Jesús y de Dios que esta en ella. Finalmente, toda la creación puede ser considerada como "templo" de la divinidad, ya que Dios esta en todas sus obras y no necesita de templos materiales ni de obras producidas por las manos humanas (He 17,22-29).

75. ¿Que dice la Biblia sobre la ordenación sacerdotal de las mujeres?

En primer lugar, hay que recordar que todos los bautizados somos como injertados en Cristo, y que con él y como él, todos somos sacerdotes, profetas y reyes. Pero Dios ha puesto en su Iglesia a personas que ejerzan ese sacerdocio de un modo especial, ministerial y sacramental, que lleva consigo la consagración de la persona en la totalidad de su vida al servicio del Señor. También Dios, en su Iglesia, suscita a veces a personas dotadas dc un espíritu profético especial, si bien ningún profeta es apreciado o reconocido por sus contemporáneos.

En nuestros días, algunas mujeres trabajan activamente para ser ordenadas "sacerdotisas" en la Iglesia, y dada la Tradición de la Iglesia, así como la situación presente, esto no deja de crear serios problemas para nuestra consideración. Esto es tanto más grave, porque algunas personas consideran una respuesta negativa como un insulto o una degradación de su dignidad personal.

Es verdad que hay textos de San Pablo en los que dice que ya no hay distinción entre los bautizados, de judío o griego, y de hombre o mujer; pero, en otros textos, San Pablo enseña que todos somos como miembros diferentes de un mismo Cuerpo y que cada miembro tiene su función propia. Los autores bíblicos jamás pensaron en la "ordenación" de las mujeres, porque en las condiciones y la cultura de su tiempo eso era inimaginable. Los autores pertenecían a un ambiente judío, basado en el Antiguo Testamento, donde veían un sacerdocio sagrado, por elección y limitado a una sola familia (Aarón), de una sola tribu (Leví), y a nadie podía ocurrírsele el que ninguna otra persona, hombre o mujer, pudiera tener acceso a la dignidad sacerdotal; esta se heredaba por la sangre.

En el Nuevo Testamento, la carne y la sangre no transmiten privilegios, y el sacerdocio cristiano se basa en la elección de Cristo transmitida a través de los sucesores que él designó. Es verdad que Cristo llamo y llama a toda clase de personas, pero a cada una para una función y una misión diferente (Jesús no pedía a todos que dejaran familia y posesiones y se fueran a predicar por el mundo; eso lo pidió a los doce apóstoles, mientras que a otros los dejo en sus casas, pero encomendándoles que anunciaran entre los suyos lo que Dios había hecho con ellos).

La tradición de la Iglesia hasta el presente ha seguido la costumbre cultural judía que limitaba en parte los oficios de la mujer. Jesús en su tiempo tuvo gestos especiales de aprecio para mujeres particulares: Amaba a María y a Marta, tenía a un grupo de mujeres que lo seguían y atendían a sus necesidades particulares, escogió a la samaritana y pecadora para ser la primera persona que oyó de sus labios que él era el Mesías, y fue la Magdalena, pecadora arrepentida, la primera que lo vio resucitado y quien llevó el mensaje de la resurrección a los doce apóstoles.

San Pablo mismo, a nivel de relación matrimonial, eleva la condición de la mujer de su tiempo y la hace igual a la del varón. No hay duda, pues, de que debe existir igualdad entre el hombre y la mujer, ya que gozan de la misma dignidad y vocación en Cristo. Pero esto no se opone, de por sí, a que haya que aceptar que, a nivel físico, y quizás también a nivel de gracia, Dios haya podido hacer distinciones.

76. ¿En que lugar de la Biblia se habla de la confesión?

En la Biblia se usa muchas veces la palabra "confesar", a veces en el sentido de reconocerse pecador, y la mayoría de las veces en el sentido de proclamar abierta y públicamente la fe. Confesar es lo mismo que dar testimonio. Los apóstoles confesaban a Jesús, predicándolo y proclamándolo ante el mundo.

Cuando nosotros hablamos de "confesión", uno piensa inmediatamente en el sacramento de la reconciliación de la Iglesia católica, según el ritual con el que se celebra actualmente. Naturalmente que la Biblia no habla directamente de ello. Pero la Biblia habla repetidas veces del "perdón de los pecados" y a veces hace también mención de la "confesión" de los pecados.

En el Antiguo Testamento, "confesar el pecado" o "reconocer una falta" era verse a sí mismo como pecador. Este reconocimiento de sí mismo era la base para el arrepentimiento y la conversión. Algunos creen que en la Fiesta de la Expiación o del Perdón (ver Lev 23,23-32) había un especie de "confesión" de los pecados. En el Nuevo Testamento se dice también que los judíos, cuando iban a recibir el bautismo de manos de Juan el Bautista, "confesaban sus pecados" (Mt 3,6), aunque no sabemos casi nada de la forma o del rito de esa "confesión". La Iglesia católica enseña oficialmente (y es doctrina de fe) que las palabras de Jesús el día de la resurrección contienen la base de la confesión o reconciliación sacramental: "Reciban el Espíritu Santo; a quienes ustedes perdonen, quedan perdonados, y a quienes no libren de sus pecados, queden atados" (Jn 20, 22-23).

En el Evangelio de San Mateo, cuando Jesús curo al paralítico, para probar que él tenía poder de perdonar los pecados, se añade que la gente quedo maravillada porque Dios había dado tal poder "a los hombres" (Mt 9,8). Esto probablemente alude a una forma o rito de "confesión" y de perdón que existía en la Iglesia ya desde el tiempo de los apóstoles.

77. ¿Dónde dice la Biblia que en Dios hay tres personas?

La Biblia no habla de personas en Dios en el sentido en el que hoy mucha gente entiende la palabra personas. Esta palabra la escogieron los teólogos especialistas para poder entender algo del misterio de la Santísima Trinidad. Dios es, ante todo *misterio*. Nosotros hablamos de Dios a nuestro modo y según nuestra cultura. Somos personas indepen-dientes, con conciencia propia, con cualidades y misiones diferentes. En el *misterio de Dios*, la Biblia nos revela que Dios es *padre, hijo y espíritu santo*. En el Nuevo Testamento San Mateo lo dice más claramente al hablar del bautismo que Jesús dejó a su Iglesia:

> "Todo poder se me ha dado en el Cielo y en la tierra. Por eso, vayan y hagan que todos los pueblos sean mis discípulos. Bautícenlos en el Nombre del Padre y del Hijo y del Espíritu Santo, y enséñenles a cumplir todo lo que yo les he encomendado" (Mt 28,18-20).

El padre nos envió a su hijo, y a través del *hijo* se hizo presente a nosotros (Jn 14,8-14). *El espíritu santo* es también enviado por el *padre* (Jn 14,26) y también es enviado por el *hijo* (Jn 16,7):

> "Y les enviaré, desde el Padre, el Espíritu de la Verdad, que procede del Padre. Este Intercesor, cuando venga, presentará mi defensa. Y ustedes también hablarán en mi favor, pues han estado conmigo desde el principio" (Jn 15,26-27).

Las personas divinas nos revelan la múltiple presencia de Dios en nuestra vida y en la vida de la Iglesia. Hay muchos otros textos en el Nuevo Testamento en los que se habla del Padre, del Hijo y del Espíritu Santo. Además del discurso después de la Última Cena del Evangelio de San Juan, encontramos innumerables citas en las cartas de San Pablo.

Hay personas que han querido ver en algunos textos del Antiguo Testamento algo así como "intuiciones" del misterio de la Santísima Trinidad. Sin embargo, hay que decir que para los judíos un texto fundamental es que "*Dios es uno*" (Dt 6,4), por lo que no concebían a Dios en personas. Los textos del Antiguo Testamento en los que se habla de Dios en plural (por ejemplo, "Hagamos al hombre a nuestra imagen y semejanza" del Gén. 1,26, y otros semejantes en Isaías, Ezequiel, Salmos, etc.), hay que entenderlos de acuerdo a la manera de pensar de Dios como si fuera un Rey que tiene sus consejeros y mensajeros (ángeles, con los cuales consulta sus decisiones). También se puede entender en su forma plural como lo que se llama "plural de majestad" y que es usado por personas de gran dignidad y en momentos solemnes.

Por lo demás, el tratar de penetrar el misterio de la Santísima Trinidad es una cosa tan imposible, que conviene recordar la historia sobre San Agustín y el niño que encontró en la playa: tan difícil es meter el misterio en el cerebro humano como lo es el meter toda el agua del mar en un hoyo en la playa…

78. Teniendo en cuenta Lc 6,24 y otros muchos pasajes, ¿se podría concluir que la Biblia condena a los ricos?

La Biblia, de por sí, no condena a nadie. La Biblia desafía a todos a la conversión, y de un modo especial a aquellas personas que la necesitan más. Jesús no condeno a los ricos sin distinción. De hecho, Jesús tenía amigos ricos que lo invitaban a su casa y que ofrecían banquetes para Jesús, sus discípulos y otras personas. Cuando Jesús murió, fueron ricos los que vinieron a sepultarlo y lo hicieron sin ahorrar gastos, en un sepulcro nuevo.

Sin embargo, las riquezas, como toda forma de poder, tienen un peligro. Todo hay que usarlo para el servicio de Dios y de los demás. El hombre rico que tuvo una gran cosecha, don de Dios, es condenado porque solo piensa en sí mismo y se olvida de los demás. Este es el gran peligro de las riquezas, que atraen de tal modo, que el hombre se enamora de ellas y se olvida de sus hermanos; es hasta capaz de abusar de los hermanos para aumentar sus riquezas.

Los ricos en bienes materiales son invitados a hacerse ricos espirituales a través de lo que comparten con los pobres. A los ojos de Dios uno posee todo lo que ha compartido. El que no quiere compartir de lo que Dios le ha dado, está preparando su propia condenación, teniendo en cuenta que Cristo pedirá cuentas de cómo se usaron las cosas para auxiliar a los pobres en sus necesidades, especialmente las más fundamentales.

79. ¿Hay base en la Biblia para decir que Jesús quiso tener un Papa para su Iglesia?

Jesús fundo su Iglesia sobre los doce apóstoles, a los cuales encomendó la misión de enseñar a todas la naciones hasta el final de los tiempos (Mt 28,16-20). Los apóstoles murieron, pero nos dejaron sucesores suyos que continuarán su labor con sus mismos poderes, y la continuarán hasta el final. Estos sucesores de los apóstoles son los obispos.

Entre los apóstoles, Pedro tuvo un lugar especial y una relación particular con Jesús. Pedro confesó a Jesús antes que los demás y oyó la promesa de Jesús de fundar su Iglesia sobre él (Mt 16,18). Pedro, que negó tres veces a Jesús, según se lo había profetizado, fue llamado a confirmar en la fe a sus hermanos (Lc 22,32). Después de la resurrección, Pedro confesó tres veces su amor a Jesús, y recibió una misión especial de apacentar las ovejas de Jesús (Jn 21,14-17).

Inmediatamente después de la Ascensión, aún antes de Pentecostés, Pedro tomó el liderazgo para la elección de Matías. A partir de Pentecostés, Pedro fue el portavoz de los apóstoles y gran predicador de la Palabra. Pedro fue el que oficialmente abrió las puertas de la Iglesia a los paganos (He10,1-48). Pedro volvió a ejercer el liderazgo cuando los apóstoles se reunieron para considerar las obligaciones a imponer a los gentiles que se convertían al cristianismo. Su liderazgo no parece autoritario sino abierto a consulta y diálogo. Más tarde Pedro fue a predicar a Roma, donde sufrió el martirio. Como los demás apóstoles, Pedro tuvo un sucesor, que heredo su función y misión.

El sucesor de Pedro, el Papa, es directamente el Vicario de Pedro en la tierra. La Iglesia sigue siendo gobernada por los apóstoles de Jesús. A veces podrá tener defectos humanos, como los tuvo Pedro, pero siempre tiene su misión de confirmar en la fe a los demás, y apacentar a las ovejas. Pedro es el fundamento de la Iglesia, y él vivirá para siempre en sus sucesores, porque uno no quita el fundamento de una casa si esta se va a mantener en pie. La Biblia no dice nada de las estructuras y los "adornos" a través de los cuales se ejerce este liderazgo a lo largo de la historia. En todo debe ser un acto de servicio para fortalecer la fe de los hermanos.

80. ¿Por qué en la Iglesia ya no hay profetas como en la Biblia?

En la Iglesia siempre ha habido y hay profetas, que han anunciado el futuro y que han denunciado la injusticia. Lo único que sucede es que ningún profeta es reconocido en su patria, ni es apreciado por sus contemporáneos. Normalmente los profetas son reconocidos y declarados santos después de su muerte por sus mismos verdugos. Durante su vida, muchas veces, han sido atacados y condenados como personas peligrosas y subversivas.

En la Iglesia primitiva los había, según los Hechos de los apóstoles. San Pablo dice que existen en la Iglesia profetas y maestros. La Iglesia es una institución humana-material y espiritual; tiene que haber un equilibrio entre las dos dimensiones, pero sucede que, muchas veces, la dimensión material es tan tangible que puede hacernos olvidar la dimensión espiritual. Entonces, hacen falta profetas, y Dios suscita personas que vuelvan a abrir los ojos a la Iglesia para que reconozca y recuerde su vocación y misión. San Francisco de Asís fue un gran profeta en su tiempo, como lo fue Santa Catalina de Siena, Juan XXIII, etc.

81. ¿Qué significa la aparición de Moisés y Elías en la transfiguración de Jesús?

Generalmente se ha interpretado esta aparición como el apoyo y testimonio en favor de Jesús por parte de la Ley (Moisés) y de los Profetas (Elías). De ser esto así, como Jesús cita también los salmos en apoyo suyo (Mt 22,41-46), podía también haber aparecido David...

Lo más probable, a la luz de la mentalidad judía del tiempo de Jesús, Moisés y Elías son las dos personas judías que, según se creía, habían sido llevadas al Cielo: en el Antiguo Testamento se contaba el caso de Elías (2 Re 2,1-13), y la tradición popular preservada en los libros apócrifos hablaba de la "Asunción de Moisés". Henoc, del que en Gén 5,24 se dice que "Dios se lo llevó", estrictamente hablando no era judío, aunque sí antepasado de los judíos. En la transfiguración aparecen dos personajes que aseguran a Jesús de la supervivencia a la muerte. La pasión o el "éxodo" de Jesús (Lc 9,31) no va a ser sino que "el paso a mejor vida".

82. ¿Cómo será el Juicio Final si los condenados están ya para siempre en el infierno y los santos están ya en el Cielo?

Esta pregunta la he oído muchas veces de diferentes maneras. Todas las dificultades parecen venir de una interpretación literal de la narración del Juicio Final en el Evangelio de San Mateo. Hay que tener en cuenta que esa narración podía bien llamarse una parábola, que, a su vez, contiene otras parábolas e imágenes bíblicas (El Hijo del Hombre, Rey, Pastor con ovejas y cabritos, etc.). En ella parece que la sentencia viene como "sorpresa" para buenos y malos, de modo que hay buenos que parece que nunca conocieron a Jesús… Algunos se imaginan el Juicio Final como una especie de "graduación" en la que se van a dar diplomas o se va a reprobar a la gente públicamente.

El Juicio Final, para San Juan, está sucediendo desde el Calvario, cuando el Hijo del Hombre fue revelado en su "gloria". El juicio se está dando a lo largo de la historia, y continuamente las personas están entrando en el Reino de Dios (por la aceptación de Jesús en sus hermanos, a través de la caridad) y continuamente se están condenando, especialmente cuando se niegan a mirar con fe al "traspasado", Jesús sufriendo en los hermanos.

El momento de la muerte es un despertar, para ver con ojos nuevos el verdadero estado en que uno se encuentra. Desde el momento de la muerte los cristianos estaremos para siempre con Cristo, con el que hemos estado en esta vida corporal, para entrar en la plenitud del Reino de Dios. El infierno, por otra parte, no es un lugar donde se está o a donde se va; es un estado o manera de vida; por eso, no se puede salir del infierno. El Cielo, a su vez, no es un lugar, sino un estado de vida con Dios y en Dios. La Biblia habla en términos de lugar y de tiempo para que el lector, de algún modo, pueda hacerse idea de las realidades del futuro. Nosotros, al morir, como Jesús, vamos de este mundo al Padre. Nuestro destino no es un lugar sino una persona, la unión íntima y eterna con Dios: donde está Dios, allí estaremos nosotros en él y con él.

83. ¿Como será el Juicio Final de Mateo 25,31? ¿Como sucederá eso si los condenados están ya en el infierno?

Las cosas que dicen los Evangelios, o sucederán o están sucediendo, ya que la Escritura no puede fallar. Lo que suele fallar es el entendimiento humano de nuestro tiempo porque encuentra muy difícil el penetrar a través del lenguaje simbólico de los autores del Nuevo Testamento. Muchos especialistas en Sagrada Escritura piensan que la narración de San Mateo sobre el Juicio Final es una especie de parábola de lo que sucede en la vida de las personas y de cómo entran en el Reino de Dios (ver Mt 25,31-46). En esa narración San Mateo hace eco de la profecía de Daniel (7,13-14):

> "Seguí contemplando la visión nocturna: En las nubes del cielo venía uno como hijo de hombre. Se dirigió hacia el Anciano y fue llevado a su presencia. A él se le dio poder, honor y reino, y todos los pueblos y las naciones de todos los idiomas le sirvieron. Su poder es poder eterno y que nunca pasará; y su reino jamás será destruido".

Esta misma profecía de Daniel parece estar a la base de la narración del proceso de Jesús ante Pilato en el Evangelio de San Juan (18,36-37; 19,5), y de los sucesos del monte Calvario (Jn 19,17-22). Para San Juan, es en el monte Calvario donde principalmente se cumple la profecía de Daniel, y es en la pasión donde verdaderamente se da el juicio del mundo (Jn 12,31), de modo que, en adelante, el que crea en Jesús, "sin pasar por el juicio" (Jn 5,24), tendrá vida eterna. Como dijimos en una pregunta anterior al hablar del demonio, también en los Evangelios sinópticos parece indicarse que, con la llegada de Jesús y la expulsión de los demonios, ha llegado el día del juicio.

Sobre lo que sucederá al final de los tiempos o después de la muerte, lo mejor será recordar aquello de que "El ojo no ha visto, el oído no ha oído, a nadie se le ocurrió pensar lo que Dios ha preparado para los que lo aman" (1 Co 2,9).

84. ¿Por que lloró Jesús si sabía que Lázaro iba a resucitar?

Jesús no se conmovió y lloró simplemente porque Lázaro había muerto, sino más bien al ver el dolor y la aflicción de sus familiares y amigos, ya que no sabían, o no creían, que la resurrección de los muertos era ya una realidad. De hecho, podría decirse que en el Evangelio de San Juan, Jesús se conmueve y angustia ante el dolor de los demás y no ante su propio dolor. Esto se ve claramente al considerar que en el Cuarto Evangelio no se describe la agonía de Jesús en el huerto de Getsemani, porque el evangelista presenta a Jesús a lo largo de la pasión como el dueño absoluto de la situación en todo momento. Al oír el "yo soy" de Jesús, los soldados quedan vencidos y caen a tierra, por lo que Jesús puede ser arrestado sólo porque se deja arrestar. Lo equivalente a la agonía de Jesús que narran los otros Evangelios se encuentra en San Juan cuando Jesús llega a la tumba de Lázaro, y cuando los Gentiles quieren ver a Jesús en el templo después de la solemne entrada a la ciudad de Jerusalén el domingo de Ramos (Jn 11,33-38; 12,23-27). En ambas ocasiones Jesús se turbó y conmovió profundamente, llorando sobre Jerusalén y ante el sepulcro de su amigo (Lc 19,41-44).

85. Si siempre habrá pobres, ¿cómo vamos a quitar la pobreza? (Jn 12,8)

La respuesta de Jesús a Judas diciéndole que "nunca faltarán pobres en este país" es una cita del libro del Deuteronomio (15,11) que parece que se había convertido en una especie de proverbio: el que quiera hacer caridad siempre encontrará ocasiones y oportunidades. No tenemos en las palabras de Jesús una profecía que anuncie la inutilidad de los esfuerzos por eliminar la pobreza.

En su lugar original, en el Deuteronomio, las palabras citadas por Jesús están en el contexto del año sabático, en el que se anuncia como programa ideal que en ese año santo no deberá haber pobres en el país (Dt 15,4), porque se perdonarán las deudas y se compartirán los bienes. En ese año cada uno tendrá una buena oportunidad para abrirse camino en la vida, aunque en el pasado haya sido pobre. Sin embargo, el autor bíblico recuerda que, por razones previstas o imprevistas, siempre habrá pobres y siempre existirá el deber y la oportunidad de manifestar el amor a los hermanos necesitados. El ideal siempre será el que no haya pobres, pero por una razón u otra siempre los habrá.

86. ¿Sí Cristo murió el día 8 de abril, por qué la fecha de la Semana Santa cambia casi todos los años? ¿No debería ser siempre la misma fecha?

La fecha exacta en la que murió Jesús no la conocemos. Unos creen que fue el día 8 y otros creen que fue el 15 de abril. Sobre esto hay, además, otras opiniones. Según el Evangelio de San Juan, Jesús murió el Viernes Santo, precisamente entre el mediodía y las seis de la tarde, la hora en que sacrificaban en el templo los corderos que se iban a comer en la cena pascual. Para San Juan, ya desde el principio del Evangelio, Jesús es el Cordero de Dios que quita el pecado del mundo, por lo que, como los corderos pascuales, Jesús muere la víspera de la Pascua.

La razón por la que la fecha de la Pascua cambia cada año, es que la Iglesia, para determinar la Pascua, sigue el calendario judío, en el cual la Pascua era una fiesta movible, ya que su calendario se regulaba por las fases de la luna. Por esta razón, la Pascua cae siempre en el domingo más cercano a la primera luna llena después del comienzo de la primavera. Normalmente, entre los días 26 de marzo y 22 de abril. Se ha pensado en la posibilidad de hacer que la fecha de la Pascua quede fija para cada año, pero esto es muy difícil, ya que lo días del año (365 o 366) no contienen un número exacto de semanas. Habría que hacer muchos otros cambios en el calendario. Esta variación en el día de la Pascua no debe preocupar demasiado, ya que algo parecido sucede en muchos lugares donde, por ejemplo, el Día de la Madre se celebra el domingo más cercano al día 10 de mayo. En otros lugares, fuera de México, la fiesta de la Virgen de Guadalupe se celebra el domingo siguiente al día 12 de diciembre. En estos casos no cambia el día de la semana en que se celebra la fiesta, aunque cambie el día del mes.

87. ¿Quién fue el discípulo amado de Jesús? Algunos dicen que no fue Juan.

La tradición más generalizada sostiene que el discípulo amado de Jesús fue San Juan, el hermano de Santiago e hijo de Zebedeo. La leyenda dice que el Señor lo amó de un modo especial porque este discípulo había sido el novio en las bodas de Caná y que, al ver el milagro de Jesús, abandonó a su esposa y se hizo discípulo de Jesús, por lo que permaneció virgen toda su vida.

La evidencia interna de la lectura del Cuarto Evangelio parece también favorecer la identificación del discípulo amado con San Juan, a quien nunca se le menciona por su nombre propio en todo el Evangelio, a pesar de que el autor frecuentemente menciona los nombres propios de los apóstoles. Esto pudo fácilmente deberse a la modestia del apóstol, o de sus discípulos, que no quisieron glorificarlo en el libro que provenía de sus enseñanzas y recuerdos.

Hay quienes han pensado que el discípulo amado pudo ser San Matías, el que fue elegido para ocupar el puesto de Judas en el apostolado (ver He 1,15-26), pero no hay argumentos convincentes que permitan sostener esto. Del texto del Cuarto Evangelio podría también deducirse que el discípulo amado es Lázaro, el de Betania, el hermano de Marta y de María. El Evangelio dice explícitamente que Lázaro era aquel a quien amaba Jesús (Jn 11,3). También dice que "Jesús quería mucho a Marta, a su hermana y a Lázaro" (Jn 11,5). Esta identificación de Lázaro con el discípulo amado explica el que Juan (21,23) diga que se creía entre la comunidad cristiana que el discípulo amado no iba a morir. Como Lázaro había sido resucitado por Jesús se podía esperar que ya no moriría, especialmente si se creía que el fin del mundo, o la segunda venida de Jesús, iba a llegar de un momento a otro.

88. ¿Fue Jesús crucificado con clavos o solamente atado a la cruz?

Esta pregunta parece típica de los que ven películas sobre la pasión ya que, por razones desconocidas, los directores de cine con frecuencia presentan a los ladrones atados a sus cruces, y a Jesús clavado a la suya. Esta es una libertad que se toma sin ningún fundamento histórico. No hay razón para pensar que los dos ladrones no fueran crucificados como Jesús.

Los romanos solían crucificar a los condenados, ya clavándolos, o ya atándolos a la cruz. En el caso de Jesús se dice claramente que fue clavado. Jesús le dice a Santo Tomás que meta su dedo en el agujero de los clavos (Jn 20,25-27). En algunos textos se dice que Jesús fue "colgado" de un madero (He 5,30) siendo esta manera de describir la crucifixión con clavos. Los que eran atados a la cruz solían vivir varios días, y morían de debilidad y por exposición a los elementos de la naturaleza (ver 2 Sam 21,1-14) Los que eran crucificados con clavos morían más rápidamente por pérdida de sangre, debilidad y asfixia. Hay que tener presente que en las películas, lo que no dicen los escasos datos bíblicos sobre un tema, los artistas se lo inventan, ya que las cosas, a veces, si no sucedieron como las presentan, pudieron muy bien suceder.

89. ¿Qué significa que Jesús "descendió a los infiernos"? Ver Ef 4,9; 1 Pe 3,19; 4,6.

Esta es una de las preguntas más difíciles del Nuevo Testamento. Probablemente, en sustancia, significa que Jesús es el Señor de todo, liberador de la muerte, y que todos, sin excepción, se salvan a través de Cristo.

Esta frase difícil probablemente tiene en cuenta la opinión judía del tiempo de Jesús, de que el Mesías seria centro y culminación de la historia de la salvación. Los cristianos veían esta opinión como una realidad cumplida en Jesús. El pasado miraba al Mesías, especialmente los profetas; ya Abraham "vio" el día del Mesías y se alegró, según se creía, al ofrecer el sacrificio de su hijo Isaac.

Jesús, el Mesías, debía ser el salvador de todos; de los que vivieron antes de su tiempo y de los que vivirán después. ¿Cómo podía Jesús salvar a los que ya habían muerto? Anunciándoles su triunfo, cuando como ellos y con ellos, estuvo en la región de los muertos entre su muerte y resurrección.

Cristo no descendió a los infiernos como cautivo de la muerte sino como libertador de los muertos. Para la fe cristiana, la misión y el sacrificio de Cristo es algo transhistórico o parahistórico, esto es, desborda los límites de tiempo y lugar de los momentos concretos de la historia, y abarca toda la historia. Ya desde el "antes" histórico del sacrificio de Jesús y de su predicación, estos producen frutos. Los cristianos ven la plenitud en el momento de la pasión-muerte-resurrección que son el centro de la historia, y en el misterio de Cristo coinciden el pasado, el presente y el futuro. Todos se salvan con y en la muerte de Cristo en el Calvario.

90. ¿Como es que ahora se da tanto el don de lenguas?

Yo no creo que el don de lenguas se dé tanto como algunos pretenden, ni tampoco que se haya dado en la historia de la Iglesia, excepto en casos excepcionales y a personas (santas) muy especiales.

En la Iglesia primitiva, a juzgar por los Hechos de los Apóstoles, el don de lenguas era un don milagroso dado en muy raras ocasiones. No era un don habitual que las personas tenían continuamente. Dios lo dio en ocasiones de experiencia de conversión y en circunstancias en que su amor y alegría llenaron el corazón de los discípulos de un modo especial. El día de Pentecostés, los apóstoles proclamaron en varias lenguas las maravillas de Dios, pero el gran milagro de Dios aquel día fue el don de oídos, ya que Pedro hablaba en una lengua y cada uno de sus oyentes le oía en su propia lengua.

El don de lenguas, especialmente el día de Pentecostés, es un don misionero al servicio de la evangelización y predicación del mensaje de Jesús. Aquel día, el don de lenguas significaba de un modo real y efectivo la universalidad de la Iglesia naciente que iba a extenderse a todo pueblo, lengua y nación. Esa universalidad el día de Pentecostés era una promesa que comenzaba a cumplirse. Hoy es una realidad palpable.

Lengua es algo que se entiende y que sirve para comunicar ideas. Por esto, tengo muchas dudas de que el "bla, bla, bla" que a veces se oye, tenga algo que ver con el Espíritu Santo. Sin embargo, posiblemente hoy también Dios de este don. Pero debemos recordar que en la Iglesia primitiva de Corinto se daba el don de lenguas y muchos lo buscaban activamente. (Por cierto que esa comunidad dejaba mucho que desear en su vida cristiana: estaban divididos, se peleaban, toleraban inmoralidades, enseñaban doctrinas falsas, etc.) Los corintios se preocupaban mucho por las lenguas y se habían olvidado de lo más fundamental, esto es, el amor. Por ello, San Pablo, en 1 Co 13, escribió el hermoso capítulo sobre el amor, en el cual puntualiza dónde deben estar los verdaderos intereses y las aspiraciones del cristiano.

91. Jesús envió a sus apóstoles a predicar y a bautizar. Si solamente se puede predicar a los mayorcitos, ¿por qué, pues, bautizar a los niños, a los que no se les puede predicar?

El bautismo (de los niños) puede ser visto de cara al pasado y de cara al futuro. De cara al pasado, algunos lo consideran principalmente como un remedio contra el pecado original que se hereda de Adán y Eva. De cara al futuro, en el bautismo cristiano, como en el de Jesús en el rió Jordán, tiene lugar un misterio profundo: se le abre el cielo al bautizado, desciende sobre él el Espíritu Santo, y se le proclama Hijo de Dios (Mc 1,9-11). Ninguna edad parece a muchos demasiado temprana para que la persona humana reciba estos privilegios. De cara al futuro el bautismo incluye también una consagración de la persona para un género determinado de vida.

En el capítulo noveno del Evangelio de San Juan, el milagro de la curación del ciego de nacimiento ofrece una nueva perspectiva sobre el bautismo: toda persona que viene a este mundo está espiritualmente ciega, y necesita la luz y la iluminación de Jesús; en cada persona tienen que manifestarse las obras salvíficas de Dios (Jn 9,3). El bautismo es un reconocimiento de estos dos hechos, comprometiendo y consagrando la persona para una vida cristiana. San Juan no mira al bautismo como un remedio para acabar con el pecado de Adán y Eva, ya que "ni él pecó ni sus padres" (Jn 9,3). El bautismo marca el comienzo de una vida nueva en la que el bautizado deberá obrar y hablar como Jesús ("Yo soy" Jn 9,9). La instrucción y predicación deben acompañar al bautismo, antes y después del rito. La persona que desde su nacimiento ha sido consagrada a Cristo y destinada a encarnarlo de nuevo en la historia, deberá ir aprendiendo el significado y las consecuencias de esa consagración que recibió, y, como Jesús, deberá crecer "en sabiduría, en edad y en gracia, tanto para Dios como para los hombres" (Lc 2,52).

92. ¿Podemos saber cuando será la segunda venida del Señor?

Ante todo hay que dejar en claro que la expresión segunda venida no designa algo cronológico o numérico, sino mas bien algo teológico. La primera venida de Jesús tuvo lugar en su encarnación; la segunda es la venida del Jesús glorioso en su resurrección. Jesús glorioso está siempre viniendo en la vida e historia de la Iglesia y de los cristianos. Todas las venidas de Jesús en nuestra vida forman parte de la segunda venida. San Juan se refería a esta segunda venida cuando escribía en el Sermón de la Ultima Cena: "No los dejaré huérfanos; vengo a ustedes" (Jn 14,18); "si alguno me ama, guardará mis palabras, y mi Padre lo amará, y vendremos a él para hacer nuestra morada en él" (Jn 14,23); "voy a prepararles un lugar, es que volveré y los llevaré junto a mí, para que, donde yo estoy, estén también ustedes" (Jn 14,3). La experiencia de la presencia de Jesús en nuestras vidas son pruebas de su segunda venida.

Hay personas que sueñan en una segunda venida gloriosa y solemne que aún está por suceder. Esto puede aceptarse bíblicamente como posible con tal de que se acepte que esa segunda venida ha sucedido ya y está aún sucediendo.

Para comprender mejor la idea teológica de la segunda venida de Jesús, podemos recurrir a la noción bíblica de los últimos días con la que se designa al período definitivo de la historia de la salvación de la humanidad. La idea de los últimos días está íntimamente ligada a la idea de la segunda venida. San Pablo escribía que ya había llegado el "final de los tiempos" (1 Co 10,11; 1 Tim 4,1) y San Juan decía en su tiempo que había llegado la "última hora". Hasta hoy en el siglo XX, estamos aún en los últimos días, a pesar de que han pasado más de medio millón de días desde entonces, y de que no sabemos los millones de días que aún queden por pasar. De modo paralelo, las nociones de segunda venida y de últimos días tienen un contenido primariamente teológico y no designan un orden o sistema numérico o cronológico.

93. Hay personas que dicen que no veremos a Cristo cuando él venga. ¿Vamos a ver a Cristo cara a cara, como dice la primera carta a los Corintios (13,12), o sólo se trata de una manera simbólica de hablar?

Hay también otros textos bíblicos que hablan de este tema: "Amados, desde ya somos hijos de Dios, aunque no se ha manifestado lo que seremos al fin. Pero ya lo sabemos: cuando él se manifieste en su Gloria seremos semejantes a él, porque lo veremos tal como es" (1 Jn 3,2). "Miren que viene entre las nubes, y todos lo verán, aun los que lo hirieron — y llorarán por su muerte todas las naciones de la tierra" (Ap 1,7). En estos textos (igual que en la descripción del Juicio Final de Mateo 25, 31-46), se habla de ver a Jesús, o a Dios. Pero hay que tener presente que de estos textos (y de otros parecidos del Nuevo Testamento) no podemos sacar información suficiente para saber cómo serán exactamente las cosas, ya que hay que dejar campo para el ejercicio de nuestra fe, y porque el lenguaje que los escritores usan es generalmente metafórico y no se debe tomar en un sentido exclusivo de visión física. Como añade San Pablo, aunque sin especificar. "Ahora solamente conozco en parte, pero entonces le conoceré a él como él me conoce a mí" (1 Co 13,13). Lo más aconsejable será el recordar que lo que vendrá después de la muerte, o al final de los tiempos, es algo que "El ojo no ha visto, el oído no ha oído, a nadie se le ocurrió pensar lo que Dios ha preparado para los que lo aman" (1 Co 2,9). El paraíso o el Cielo será mucho más y mejor que todo lo que podamos imaginarnos, de modo que no será como nos lo imaginamos. Estaremos con Jesús y lo veremos o conoceremos de modo diferente y mucho más profundamente que lo que vemos y conocemos a las personas aquí en la tierra.

Cuando los escritores bíblicos hablan de la venida de Jesús, y de verlo cara a cara, usan frecuentemente lenguaje simbólico, y la comparan a la venida de reyes o príncipes de su tiempo cuando iban a visitar una ciudad o provincia: tocaban trompetas, se congregaba la gente, llegaban mensajeros que anunciaban la llegada, había gran anticipación, y todos se agolpaban para ver y oír al personaje que llegaba, aunque no todos lo conseguían. La venida de Jesús y nuestro encuentro con él serán muy superiores y diferentes a esas venidas humanas, que sólo pueden ser una sombra o un reflejo lejano de la gran venida que esperamos, y en la que nos acercaremos a Jesús en comunión íntima. (Véase la pregunta anterior.)

94. ¿Por qué los escritores del Nuevo Testamento son tan antijudíos si por otra parte dicen que hay que amar a todos, incluso a los enemigos?

No me parece que está bien generalizar y decir que los escritores del Nuevo Testamento son antijudíos. Hay que fijarse bien en cada escritor en particular. Conviene también recordar que hablaban de los judíos concretos de su tiempo, especialmente de los que se opusieron a Jesús y a los apóstoles, y de ningún modo desde un punto de vista racial. San Mateo, por ejemplo, acepta a los judíos, pero rechaza a los fariseos en concreto. En los Hechos de los Apóstoles, San Pablo es judío, y además fariseo, en el mejor sentido de la palabra en aquel tiempo. San Juan parece rechazar a los judíos, pero se refiere concretamente a las autoridades de Judea y Jerusalén. Para el autor de la carta a los Efesios, todos son hermanos (idealmente), judíos y griegos, y habla de ellos sin hostilidad.

Hay que tener presente que los autores que parecen atacar a los judíos en realidad atacan las actitudes y los valores de ciertas personas; por esto, cuando hoy decimos que el Evangelio denuncia a los fariseos de ahora tanto como a los de entonces, nos estamos fijando más bien en sus cualidades que en su personalidad, y damos a la palabra fariseo un significado diferente (personas hipócrita) del que tenía en tiempos de Jesús (persona perteneciente a una determinada secta religiosa).

Sin embargo, a lo largo de los siglos, los cristianos, y otras gentes, han querido usar textos del Nuevo Testamento para perseguir u oprimir a los judíos. Pero esto ha sido contrariando el espíritu del Nuevo Testamento, de Jesús y de sus discípulos.

95. ¿Dónde se basan los dogmas católicos sobre María (la Inmaculada Concepción y la Asunción) si no están en la Biblia?

Los dogmas católicos sobre María se fundan en la doctrina bíblica sobre María y en la tradición cristiana más antigua.

En la Sagrada Escritura, María es presentada como modelo de los cristianos en su relación con Jesús (en San Lucas), y como la más próxima e inseparablemente unida a su Hijo (en San Mateo). Además, María tiene un papel indiscutible en la misión de su Hijo, siendo declarada por Jesús madre de los discípulos (en San Juan: en Caná y en el Calvario).

María, como modelo perfecto del cristiano (ver la visita a Santa Isabel y el Magníficat), tiene una semejanza perfecta con Cristo. La teología ha afirmado esta semejanza de diversos modos: así como Jesús fue concebido sin mancha de pecado,

María fue inmaculada en su concepción; así como Jesús después de su muerte fue al Cielo en su Ascensión, María lo acompaña en su Asunción.

96. ¿Dice la Biblia que vamos a resucitar con el mismo cuerpo que tenemos ahora?

Sí y no. Depende de lo que se entienda por resucitar y por mismo cuerpo. En el Antiguo Testamento se habla de la resurrección en unos pocos textos, de los últimos que se escribieron: Sabiduría (2,21-3,12), 2 Mac (2,7.9.11.14.23.29.36; 12,38-46), Daniel (12,2-3). En el Nuevo Testamento es principalmente en San Pablo (1 Co 15,1-53) donde se habla de nuestra resurrección, ya que se habla mucho de la resurrección de Jesús. Nuestra resurrección será como fue la de Jesús, "el primogénito de entre los muertos": nosotros seguimos en todo los pasos de Jesús.

Ahora bien, la "resurrección" de Jesús no fue una simple reanimación de un cadáver que volvió a la vida, tal como había sido la resurrección de la hija de Jairo, del hijo de la viuda de Naím y la de Lázaro.

La resurrección de Jesús fue tan diferente de las anteriores, que los apóstoles que habían presenciado esas resurrecciones anteriores tuvieron trabajo para creer que Jesús había resucitado. La resurrección de Jesús fue, sobre todo una transformación en su modo de vivir. Comenzó una vida nueva gloriosa, diferente de la anterior, pero continuación de ella. El Cuerpo de Jesús quedó transformado material y espiritualmente (ver 1 Co 15,40-49) en su resurrección. Nosotros creemos que, a los fieles que creemos en Jesús y vivimos como él, con la muerte, la vida se cambia y no se pierde, dejando una morada terrena por una morada celestial y eterna. Esto fue lo que sucedió con Jesús.

La pregunta habla del cuerpo que tenemos ahora, por lo que se parece a la pregunta de los corintios (puede verse la respuesta de San Pablo en 1 Co 15,35-49). Aquí, dada la brevedad de nuestro espacio, nos limitaremos a decir que la pregunta parece suponer que estamos divididos o, si se quiere, compuestos de alma y cuerpo. Esto es algo muy viejo y revela una mentalidad griega. "El hombre que todo es alma, está cautivo en el cuerpo", dijo un poeta hispano. Otros dirán que el ser humano no es un alma cautiva sino un cuerpo animado. Esto es algo que muchos discuten hasta la saciedad. Lo importante es que "*yo*" resucitaré. El mismo "*yo*" que vivo, sufro y lucho aquí en este mundo, seré transformado por el poder de Dios, según el modelo de la transformación que tuvo lugar en Jesús. Estaremos con él, "en la casa del Padre", para "siempre".

97. ¿Quién es el anticristo? ¿Cómo será reconocido?

Se podría decir que desde el momento en que Jesús comenzó a enseñar, también comenzaron a existir anticristos, personas que se oponían a su mensaje y a su persona. Más adelante, también comenzaron a ir contra los seguidores de Cristo Jesús.

Muchos se imaginan que el anticristo es una persona supermala que aún está por venir y que, cuando venga, tendrá poderes extraordinarios para hacer el mal. Esta opinión se basa en el lenguaje de las cartas de San Pablo a los Tesalonicences, aunque hay que tener en cuenta que esa forma de escribir, llamada apocalíptica, casi nunca se debe interpretar como suena o al pie de la letra, ya que se trata de un lenguaje simbólico.

Para San Juan (1 Jn 2,18) han venido ya muchos anticristos. Estos son las personas que enseñan doctrinas falsas, y, de un modo especial, cualquiera que se separa de la comunidad cristiana para formar otra iglesia.

En el Apocalipsis, el anticristo es una figura simbólica con diferentes nombres (bestia, dragón, ramera, etc.) y una personificación del imperio romano, que en aquel tiempo era el enemigo declarado de Cristo y de la Iglesia naciente.

Los especialistas en la Biblia están generalmente de acuerdo al afirmar que el anticristo no es un individuo concreto, sino más bien la personificación de las fuerzas del mal, que se oponen al Reino de Dios y a Cristo. En ciertos períodos de la historia, una persona o una ideología toma el liderazgo de las fuerzas del mal y es, en cierto modo, un anticristo; pero toda persona individual, o ideología, son transitorias, mientras que las fuerzas del mal estarán en lucha hasta el final de la historia, aunque nunca prevalecerán.

98. ¿Qué dice la Biblia sobre el infierno, el limbo y el purgatorio? Hay quienes dicen que los inventaron los predicadores para asustarnos.

En general, siempre hay que tener presente que cuando los escritores bíblicos hablan de lo que sucederá después de la muerte, usan un lenguaje simbólico que es bastante oscuro para nosotros. Los escritores del Nuevo Testamento hacen alusión frecuente a la terminología del Antiguo Testamento sobre el "Día de Yahwéh" y la aplican al "Día del Señor", el día de Jesús. El "Día de Yahwéh" en el Antiguo Testamento tenía una doble dimensión:
1) salvación para el pueblo fiel y sencillo
2) castigo para los malvados.

Los autores del Nuevo Testamento tomaron el aspecto positivo del "Día de Yahwéh" y lo vieron cumplido en la predicación de Jesús y en su sacrificio en la cruz. El aspecto negativo del "Día de Yahwéh" lo dejan reservado para un futuro indeterminado y casi desconocido. Los autores del Nuevo Testamento hacen generalmente alusión a una división en la fortuna futura de los hombres. Muchas veces se habla del premio y del descanso de los judíos, así como del castigo de los malvados, siempre con un lenguaje simbólico, llamándolo fuego, tortura, cárcel, etc. (ver 2 Pe 2,9; Ap 6,17; 20,10; Mt 18,23-35; 31,25-46; 5,25-26; Lc 16,23; Rom 2,5; 2 Tim 4,8; Stgo 5,3). Lo único que parece indicar claramente estos textos es que existe un castigo ejemplar y terrible después de la muerte pero que ya, de algún modo, parece darse en esta vida.

Los teólogos, por su parte, han distinguido tres "zonas" de castigo: el infierno, el purgatorio y el limbo. Sobre la existencia del infierno parece que no se puede dudar, según los datos bíblicos. El purgatorio es el producto de reflexión teológica, pero con base. El limbo es considerado por muchos modernos como pura especulación, el resultado de malabarismos teológicos. De todos modos, sabemos realmente muy poco sobre el futuro después de la muerte.

99. ¿Es verdad que la bestia del Apocalipsis es el Papa de Roma?

La respuesta clara y correcta es, no. El autor del Apocalipsis habla con un lenguaje simbólico, que para nosotros parece oscuro, pero que no lo era para sus lectores contemporáneos que conocían bien la situación, y que tenían el entendimiento afinado para comprender mejor el lenguaje simbólico. Los especialistas en la Sagrada Escritura generalmente ven en la bestia del Apocalipsis una representación o personificación del emperador romano Nerón, el primer persoguidor de los cristianos, y que fue responsable de la muerte de los apóstoles Pedro y Pablo. El segundo emperador romano que persiguió a los cristianos fue Domiciano, y en cierto modo fue un "nuevo Nerón". El es "aquel bestia" vuelto de nuevo a la vida (del que se habla en Ap 17,8-11).

El autor del Apocalipsis usa el llamado estilo apocalíptico, lleno de visiones, revelaciones y simbolismos, a través de los cuales presenta su enseñanza. La obra tiene dos partes, en las que describe el juicio de Dios sobre los judíos y sobre Roma, ya que fueron las dos fuentes de oposición al cristianismo naciente. A lo largo de la historia continúa la oposición al cristianismo; todos los enemigos y perseguidores del mensaje de Cristo pueden ser identificados de algún modo con los símbolos descritos en el Apocalipsis. El Papa de Roma de ningún modo es el enemigo del mensaje de Cristo, sino más bien todo lo contrario, por lo que es una profanación del sentido de la Sagrada Escritura el identificarlo con la bestia del Apocalipsis.

100. ¿Es verdad que en la Biblia a Roma la compara con Babilonia, a causa de sus pecados?

Sí y no. En la Biblia se habla de algunas ciudades que en algún tiempo fueron muy pecadoras (Sodoma, Babilonia, Nínive, Jerusalén, etc.): estas ciudades fueron un modelo, a veces de pecado y a veces de conversión.

Babilonia, en el Antiguo Testamento, fue la ciudad enemiga del pueblo de Dios. Los babilonios destruyeron Jerusalén con su templo, mataron a muchos de los habitantes, y a otros los llevaron cautivos a Babilonia. Esta ciudad pasó a ser un modelo de orgullo y maldad, así como de crueldad y falta de compasión.

En el Nuevo Testamento Babilonia sigue siendo la ciudad orgullosa que oprimió al pueblo de Dios. Pero en tiempo de los apóstoles estaba sucediendo algo parecido: el nuevo pueblo de Dios, la Iglesia, estaba siendo oprimida y perseguida por el imperio romano, por el emperador Nerón, por Roma. Pedro y Pablo, con muchos otros cristianos, habían muerto mártires en sus plazas. Por esta razón, el autor del Apocalipsis a la ciudad de Roma la llama Babilonia ya que se comportaba como esa ciudad del Antiguo Testamento.

A veces, esta pregunta sobre la relación entre Roma y Babilonia proviene de acusaciones de hermanos separados, quienes al hacer estas acusaciones muestran muy poca hermandad y caridad cristiana, ya que intentan sugerir que Roma, especialmente a causa de que en esta ciudad está la Sede del Papa, es el enemigo principal de los cristianos. Esto es algo monstruoso. Roma, el papado, es y ha sido, agente de diseminación de principios y vida cristiana por el mundo, centro de unidad de fe y de proclamación de principios de amor, justicia y paz. Actualmente Roma es exactamente lo contrario de lo que fue en tiempos del autor del Apocalipsis.

Hoy día, también se les puede llamar Babilonia a aquellos centros o ciudades donde se fomenta la opresión de los débiles, donde reina la falta de amor y el orgullo, y donde se persigue a los que predican la Buena Nueva de Jesús (a veces creyendo que con eso se hace un servicio a Dios). Quizás lo peor es que no hay sólo una Babilonia en nuestro mundo moderno, sino varias.

101. ¿Qué criterio hay que tener en cuenta para entender el Apocalipsis?

Hay que tener presente, ante todo, que el libro del Apocalipsis está escrito en el llamado estilo apocalíptico, compuesto de visiones y revelaciones cuyo valor es principalmente simbólico: las personas, cosas, números y colores sirven para representar ideas, doctrinas y sucesos.

El género apocalíptico fue muy popular en los dos siglos que precedieron al cristianismo, y se encontraba ya como germen en algunas de las visiones de los profetas. En general, los libros apocalípticos, contra lo que comúnmente se cree, más que del futuro, hablan casi siempre del presente, del tiempo del autor, y de su pasado más o menos inmediato.

Como este estilo floreció en tiempos de crisis y conflictos, los autores hablan de los sucesos contemporáneos por medio de imágenes y símbolos. Cuando hablan directamente del futuro, casi todos los apocalípticos postulan una intervención de Dios en la historia, ya que Dios no puede permitir que todo vaya para siempre de mal en peor. La intervención divina es presentada en forma de una batalla decisiva o de un Juicio Final.

Hay que recordar que el Apocalipsis se escribió probablemente en tiempos del emperador romano Domiciano, el segundo perseguidor de los cristianos. Los últimos diez años habían estado llenos de perturbaciones políticas que siguieron a la muerte de Nerón y de persecuciones religiosas contra la Iglesia naciente. Según el estilo apocalíptico, los sucesos descritos en el Apocalipsis se refieren primaria y directamente a ese período de la historia. El autor escribía para animar y afianzar la fe de los cristianos.

A lo largo de los siglos han existido diversas corrientes de interpretación del apocalipsis, y algunas de ellas, aunque son claramente falsas, vuelven a renacer en nuestros días:

1- *Interpretación milenarista* — ve en el libro una descripción de los mil (o dos mil) años del reinado de Cristo en la tierra. (Es de esperar y de desear que reine por algo más de tiempo...)

2- *Interpretación recapitulativa* — cree que ciertos sucesos claves son narrados varias veces por medio de imágenes y símbolos diversos: la lucha de la Iglesia naciente contra el viejo judaísmo y contra el paganismo del imperio romano.

3- *Interpretación histórica* — ve en libros una profecía prolongada que se va cumpliendo poco a poco a lo largo de la historia de la humanidad.

4- *Interpretación de la Reforma protestante* — los antiguos reformadores interpretaron los símbolos contra la Iglesia de Roma, especialmente contra el Papa.

5- *Interpretación escatológica* — ve en el Apocalipsis lo que sucederá al final de los tiempos. Esta interpretación puede ser válida con tal de que se recuerde que con la venida de Cristo y del Espíritu Santo comenzó el "final de los tiempos" (ver He 2,17-21). El Apocalipsis, como los Evangelios, se ha estado cumpliendo y viviendo en todo tiempo desde la predicación de Jesús.

6- *Interpretación crítica* — sostiene que los sucesos narrados en el Apocalipsis tuvieron lugar en tiempo del autor (por esos escribía prudentemente usando símbolos), pero que tienen un valor atemporal, para todo tiempo o período de persecución. La historia se repite y sigue repitiéndose. El libro, pues, no pide que esperemos lo inesperado, sino más bien todo lo contrario: al fin, el bien triunfará.

~ IV ~
Vocabulario Bíblico Básico

ALELUYA — Grito de aclamación litúrgica de Israel, que es una abreviación de palabras que literalmente significan "alaben a Yahvé".

ALIANZA — Un pacto, convenio o testamento. Solía hacerse entre reyes y pueblos en circunstancias históricas especiales, de acuerdo a ciertos elementos fijos: a) mención de la situación histórica, b) estipulaciones o mandatos y prohibiciones, c) documento (escrito frecuentemente en tablas de piedra), d) invocación de testigos, e) bendiciones y maldiciones que aseguren fidelidad a la alianza y f) sacrificio con banquete ritual. La alianza del Sinaí se adapta a estos elementos; la alianza de Cristo los espiritualiza. El compromiso de la alianza entre Dios y su pueblo se puede resumir en dos frases: "Yo seré su Dios y ellos serán mi pueblo" (Antiguo Testamento), y "Yo seré su Padre y ellos serán mis hijos" (Nuevo Testamento).

AMEN — Palabra hebrea que significa sí o así sea. Con ella se ratificaba una cosa como segura o verdadera; se usaba en respuestas y aclamaciones litúrgicas.

BABILONIA — Ciudad principal de Mesopotamia y capital de un gran imperio; se la llamo también Babel. Fue el lugar de la famosa torre, así como el lugar de la cautividad de los judíos. Babilonia pasó a ser símbolo de orgullo, opresión despiadada y pecado en general.

BIBLIA — Palabra griega que significa libros; es la colección de libros sagrados aceptados por los cristianos. La Biblia católica se distingue de otras en que incluye seis libros, los deuterocanónicos, del Antiguo Testamento, que se escribieron en lengua griega, pero que los apóstoles y los primeros obispos de la Iglesia aceptaron como inspirados por Dios.

COMENTARIO BIBLICO — Escrito que sirve de explicación y comentario de la Biblia o de alguna de sus partes, para que se entiendan más fácilmente.

CONCILIO (VATICANO II) — Reunión de todos los obispos de la Iglesia como sucesores de los apóstoles. El primer concilio lo celebraron los apóstoles en Jerusalén (Hechos de los Apóstoles, cap. 15) y el último fue el Vaticano II. En los concilios, los obispos, junto con el Papa, estudian las necesidades de la Iglesia y las respuestas de le a los desafíos del mundo.

CONCORDANCIAS BIBLICAS — Un libro que contiene un índice alfabético de las palabras de la Biblia, con citas de los lugares donde se hallan esas palabras.

CRITICA LITERARIA — Arte de apreciar y juzgar una obra de literatura, fijándose en su vocabulario y formas de expresarse.

CRONOLOGIA — Ciencia que tiene por objeto determinar el orden y las fechas de los sucesos históricos.

DEUTEROCANONICOS — Nombre dado a algunos libros de la Biblia sobre los cuales se disputó por algún tiempo si debían o no formar parte de la Biblia. Los libros deuterocanónicos son: Sabiduría, Eclesiástico, Judít, Tobías, 1-2 Macabeos, con partes de Ester y Daniel. Los protestantes llaman generalmente a estos libros apócrifos, pero para los católicos apócrifos son los libros no inspirados que no se encuentran en la Biblia.

DIABLO — Palabra griega que traduce la palabra hebrea Satanás. En griego diablo era el acusador ante un tribunal. En la Biblia el diablo recibe muchos nombres (tentador, enemigo, serpiente antigua, dragón, acusador, etc.), por lo que su identidad es misteriosa y forma parte del misterio del mal. En tiempos de Jesús, se creía que Satanás o el diablo encabezaba un mundo en rebelión contra Dios y contra su reinado, fundado en el poder, la riqueza, el odio, la guerra, etc.

DOMINGO — Es el Día del Señor, el primer día de la semana judía, en que los cristianos celebran la resurrección de Jesús. Es el día sagrado de la Nueva Creación. Ya desde el tiempo de los apóstoles, el Día del Señor fue día especial para los creyentes y día en el que se tenían las reuniones de fe (ver Ap 1,10; Hechos 20,7).

EGIPTO — País donde los judíos fueron oprimidos por el rey faraón, y de donde salieron por intervención de Dios a través de Moisés. Egipto era el símbolo bíblico de la tierra de pecado y opresión. Más tarde este país se convirtió en tierra de refugio para los judíos, en tiempos de guerras y peligros. Hasta la Sagrada Familia buscó refugio en Egipto.

ELOHISTA — Nombre derivado de la palabra Elohim-Dios, que designa al escritor que llama a Dios con la palabra Elohim, y puso por escrito una serie de historias y tradiciones que vinieron a formar parte de la Biblia. Este autor escribió en la parte norte de Israel hacia el siglo VIII antes de Jesucristo.

ETIOLOGIA — Palabra derivada del griego *aitia* (causa). Se refiere a narraciones bíblicas que parecen tener un interés especial en explicar el por qué, la causa, de ciertas cosas: Así, por ejemplo, la narración del pecado de Adán y Eva nos dice en cierto modo el por qué existe la sexualidad, por qué la desnudez es vergonzosa, por qué la mujer es atraída a su marido, por qué existe el dolor en el parto y por qué el trabajo es duro y doloroso. La narración de la torre de Babel nos da razón del nombre de esa ciudad (Babel=Confusión), del hecho de que en esa región estaban las ruinas de una gran torre, y del hecho de que en el mundo existen tantos idiomas.

EVANGELIO — Palabra que literalmente significa Buena Noticia. Es el anuncio oficial y solemne de la salvación que Jesús nos trajo. Al principio fue predicado oralmente por los apóstoles y más tarde fue puesto por escrito por los cuatro autores a quienes llamamos evangelistas.

EXODO — La salida y liberación del pueblo de Israel de la esclavitud de Egipto. Libro de la Biblia que narra esta liberación. En la Biblia se habla de éxodos numerosos, ya que toda salida hacia un nuevo género de vida, toda conversión, puede ser considerada como un nuevo éxodo.

FORMAS LITERARIAS — Cualidades de estilo o modo de expresar las ideas en contraposición de lo que constituye el fondo sustancial de una obra literaria. Por ejemplo, un soneto, en su forma literaria, tiene 14 versos ordenados en 4-4-3-3, con una pregunta en su primera parte y la respuesta en su segunda.

FORMULAS — Expresiones que adquieren cierta constancia,

y que los autores usan repetidamente. Por ejemplo, esto dice el Señor, la Buena Nueva del Señor a los pobres, etc.

GENEALOGIA — Serie de progenitores y descendientes de una persona. Entre los judíos las genealogías tenían una importancia especial ya que eran la base para muchos derechos y obligaciones legales.

GENERO LITERARIO — (véase formas literarias). La agrupación de las formas literarias constituye lo que se llama género literario. Un género literario, como la poesía, tiene diversas formas literarias, tales como odas, sonetos. etc.

HEBREO — Pueblo que se origina en Abraham y que parece derivar su nombre de un antepasado de Abraham llamado Heber (ver Gén 10,25). Lengua hablada por los judíos en el período más floreciente de su historia. En tiempos de Jesús la gente hablaba ya el arameo, una lengua de la región, parecida al hebreo pero más antigua.

IDOLO — Figura o estatua de una falsa divinidad a la que se da adoración.

IGLESIA — Palabra derivada del griego *Ecclesia*, y que designa a la comunidad que responde con plena fe al llamamiento de Cristo. Nace el día de Pentecostés y se mantiene unida en la misma fe, enseñanza y celebración sacramental de la Eucaristía. Está guiada por los obispos, sucesores de los apóstoles y presidida por el Papa como sucesor de San Pedro.

IMPRIMATUR — Permiso dado por un obispo católico para que se publique un libro cuando trata de materia religiosa.

INTERPRETAR — Explicar o declarar el sentido de una cosa, principalmente el de los textos de la Biblia que por diversas razones están faltos de claridad.

JESUS — Nombre que significa salvador y que era común entre los judíos bajo la forma de Josué. Jesús es el Salvador, no solamente de los judíos, sino de todo el mundo.

JUDAISMO — Cultura y civilización de la tribu de Judá que gradualmente se extendió y absorbió a las doce tribus de Israel. Esta palabra se aplica de un modo especial a la religión, el género de vida y las costumbres del pueblo de Jesús.

LEYENDA — Narración de sucesos que tienen más de fantástico o maravilloso que de histórico y verdadero.

MESIAS — Palabra hebrea que significa ungido, y que se traduce al griego con la palabra Cristo. Esta palabra se aplicaba a los reyes que eran ungidos con aceite, y especialmente a aquellos que eran instrumentos fieles a los planes de Dios.

MILAGRO — Acción o suceso en los que el hombre descubre la mano de Dios. A veces puede ser un hecho maravilloso que supera las leyes de la naturaleza; a veces es un hecho según las leyes de la naturaleza pero tan inesperado que resulta milagroso. Los milagros, más que señales del poder de Dios, son pruebas de su gran amor a las personas.

MITO — Fábula, historia alegórica, especialmente en materia religiosa. Los autores antiguos, a veces, por medio de historias, expresaban profundas verdades religiosas y humanas.

PARABOLA — Historia o narración con la cual se conecta una verdad que se quiere enseñar. Por medio de una comparación con hechos conocidos de la vida se expresa un pensamiento religioso. Jesús fue un gran artista en el estilo parabólico.

PARAISO — Jardín de delicias de las narraciones orientales. Lugar de origen y de destino de la humanidad según algunas narraciones bíblicas. Algunos reyes antiguos, especialmente en Babilonia, tuvieron jardines fabulosos. Con mayor razón había que pensar que el jardín de Dios era el lugar ideal para vivir.

PARUSIA — Advenimiento glorioso de Jesucristo al final de los tiempos. Literalmente, parusía significa presencia o llegada, y esta palabra era usada para designar la visita de un rey a una ciudad acompañado de sus mensajeros y de su séquito.

PATRIARCA — Cabeza de familia o de tribu en la antigüedad. Los patriarcas son los primeros antepasados del pueblo de Israel, a partir de Abraham, especialmente Isaac, Jacob y los doce padres de la tribu de Israel.

PENTECOSTES — Día quincuagésimo. Fiesta que se celebraba en Israel cincuenta días después de la Pascua, y que recordaba el don de la Ley en el monte Sinaí. Era también el día en que se ofrecían a Dios las primicias de las cosechas. En el Nuevo Testamento es la fiesta que celebra el don del Espíritu Santo y el nacimiento de la Iglesia.

PROFETA — Persona que habla, inspirada por Dios, para revelar sus designios, exhortando, consolando y denunciando, para construir una comunidad de fe. Moisés es el profeta por excelencia del Antiguo Testamento y Juan Bautista es el principal profeta del Nuevo Testamento.

PROTOCANONICO — Los libros de la Biblia sobre los que

nunca hubo dudas ni controversias serias sobre su carácter inspirado y sagrado. (Véase deuterocanónico.)

REVELACION — Acción de quitar el velo o de descubrir una cosa; hacer visible (revelar una fotografía). Manifestación de Dios y de sus acciones amorosas. La Sagrada Escritura contiene la revelación de Dios a los hombres en la historia escrita por hombres inspirados por Dios. La Escritura nos hace visibles (nos revela) el amor y la bondad providencial de Dios.

SALMO — Composición o cántico que contiene alabanzas a Dios. El libro de los salmos tiene 150 cánticos. Hay además otros muchos salmos en la Biblia. Muchos de los salmos son atribuidos al rey David. Hay salmos de alabanza, petición, lamentación y acción de gracias.

SIMBOLICO — Lo que se expresa por medio de símbolos o de signos. Símbolos son imágenes o figuras con que materialmente, o de palabra, se representa un concepto moral o intelectual por alguna semejanza o correspondencia que el entendimiento percibe entre este concepto y aquella imagen. El lenguaje simbólico invita a la reflexión.

SINAGOGA — Casa o edificio donde se reunen los judíos para sus cultos. A veces esta palabra designa a los judíos como grupo religioso.

SINOPTICOS — Cada uno de los tres primeros Evangelios, ya que uno podría creer que, habiendo visto o leído uno de ellos, ha visto o leído los otros dos, dadas las grandes semejanzas que existen entre ellos.

TEOLOGIA — Ciencia y estudio que trata de Dios y de sus cualidades y perfecciones. Los tratados de asuntos relacionados con Dios forman también parte de la teología. Por ejemplo, la Biblia, el dogma, la moral, etc.

TESTAMENTO — Conjunto de libros que narran la Alianza o pacto entre Dios y su pueblo, así como las condiciones y la historia de esta Alianza a lo largo de los siglos. El Antiguo Testamento trata de la Alianza pactada a través de Moisés en el monte Sinaí, y el Nuevo Testamento narra la Nueva Alianza establecida por Jesús.

YAVISTA — Nombre con que se designa a un escritor de antiguas tradiciones que entraron a formar parte del Antiguo Testamento. Este autor, en sus escritos, llamó a Dios con el nombre hebreo de Yahvé, de donde se ha derivado el nombre del escritor.

Indice

~ I ~ Temas Generales

1- ¿Cómo podemos saber si una Biblia es buena?
2- ¿En qué se diferencia una Biblia católica de las demás Biblias?
3- ¿Cuántos libros tiene la Biblia?
4- ¿Cómo se escribió la Biblia?
5- ¿Qué quiere decir que la Biblia es inspirada?
6- ¿Ha dado el Concilio Vaticano II para interpretar la Biblia?
7- ¿Qué se debe incluir en un buen estudio de la Biblia?
8- ¿Qué consejos se podrían dar a una persona que desea estudiar bien la Biblia?
9- ¿Qué peligros hay que evitar al estudiar la Biblia?
10- ¿Qué puedo hacer cuando, al estudiar la Biblia, encuentro un pasaje que no entiendo?
11- Si sólo el Magisterio de la Iglesia puede interpretar el sentido de la Biblia, ¿por qué en los grupos de oración cada uno interpreta lo que Dios dice en ella?
12- ¿A quién se le ocurrió dividir la Biblia en capítulos y versículos?
13- ¿Habrá otros libros inspirados por Dios en otras religiones?

~ II ~ Antiguo Testmento

14- ¿Fue verdad la historia de Adán y Eva o es sólo un ejemplo para nuestra enseñanza?
15- ¿Es verdad que habrá un paraíso terrenal?
16- ¿Qué representa la serpiente que tentó a Adán y a Eva?

17- ¿Cómo sería el mundo si Adán no hubiera pecado?
18- ¿Cómo son imagen de Dios el hombre y la mujer? ¿Puede Dios compararse a un hombre o una mujer?
19- ¿Qué sucedió con el paraíso terrenal? ¿Lo encontrarán algún día?
20- ¿Es cierto que, según la Biblia, el trabajo es una maldición de Dios?
21- ¿Existimos nosotros por evolución, como dicen los sabios, o existimos por creación, como dice la Biblia? ¿Hay que creer en la creación que cuenta la Biblia si los sabios dicen que no es verdad y que no se debe enseñar?
22- ¿Por qué hay tantas razas y lenguas si todos descendemos de Adán y Eva?
23- ¿Por qué no se casan los sacerdotes si Dios mandó a la humanidad el "crecer y multiplicarse"?
24- ¿Por qué y cómo prefirió Dios el sacrificio de Abel sobre el de Caín?
25- Si nada más existían Adán, Eva y sus dos hijos cuando Caín mató a Abel y luego Caín se separó de ellos, ¿dónde y cómo fue que Caín se casó y tuvo descendientes?
26- ¿Por qué tenía miedo Caín de que lo mataran si no había otra gente en la tierra?
27- ¿Con quién se casó Caín?
28- ¿Será verdad que hombres antiguos, como Matusalén, vivieron centenares de años?
29- ¿Por qué dice la Biblia que Dios se arrepintió de haber creado al hombre? ¿No está bien todo lo que Dios hace?
30- ¿Fue el diluvio en todo el mundo o nada más donde estaba Noé?
31- ¿Es un hecho histórico la narración sobre la Torre de Babel o solamente una leyenda?

32- ¿Es verdad que la mujer de Lot se convirtió en estatua de sal o es pura leyenda?
33- ¿Realmente existen los ángeles?
34- ¿Cuál es el verdadero Nombre de Dios, Yavé o Jehová?
35- ¿Es verdad que en el Exodo el mar Rojo se abrió en dos o solamente se secó?
36- ¿Cómo es posible creer que en el Exodo salieron de Egipto 600.000 hombres sin contar mujeres y niños?
37- Si la Biblia prohíbe las imágenes, ¿por qué los católicos las usamos?
38- ¿Por qué la gente hace estatuas de Dios y de los santos, cuando la Biblia lo prohíbe y dice que debemos adorar al Padre en Espíritu y en verdad?
39- ¿Se puede apoyar en la Biblia la intercesión de la Virgen y de los Santos?
40- ¿Por qué eran impuros algunos animales y no se podían comer, como el cerdo?
41- Si la Biblia dice que el día de descanso es el sábado, ¿por qué, pues, guardamos fiesta el domingo?
42- ¿Por qué los cristianos comen sangre y desangran a los animales si la Biblia lo prohíbe?
43- ¿Es verdad que la Biblia prohibe las transfusiones de sangre?
44- ¿Qué significa y de dónde viene la palabra Aleluya?
45- ¿Qué dice la Biblia sobre la contracepción y el aborto?
46- ¿Es verdad que los sabios han probado que la Biblia tenía razón y que el sol se paró en medio del cielo?
47- ¿Es justo que, según dice la Biblia, paguen los hijos por el pecado de sus padres y viceversa?
48- ¿Es cierto que en la Biblia lo principal es lo espiritual y que por eso no se habla de la justicia social?

~ III ~ Nuevo Testamento

49- ¿Qué son los Evangelios apócrifos y qué valor tienen?
50- ¿Fueron José y María de la dinastía de David o solamente José?
51- ¿Fue Jesús hijo único de Maria?
52- ¿Por qué llamamos madre de Dios a María si solamente es madre de Jesús?
53- ¿Quiénes eran los hermanos del Señor?
54- ¿Cuál fue el apellido de Jesús?
55- ¿Cómo fueron el físico y el carácter de Jesús?
56- ¿Qué dice la Biblia sobre el bautismo de los niños?
57- ¿Se puede decir que Jesús "se equivocó al escoger a Judas para apóstol"?
58- ¿Quién es Judas Tadeo y dónde se le distingue de Judas Iscariote, el que traicionó al Señor?
59- ¿Por qué ayunar si los cristianos están llamados a la alegría?
60- ¿Cuál es el mejor título para los que creen en Jesús: cristianos, hermanos, santos o hijos?
61- ¿Afirma la Biblia la divinidad de Cristo? ¿Por qué dice Juan 14,28 que el Padre es más que Jesús?
62- ¿Hizo Jesús realmente milagros o las narraciones son solamente historias o mitos?
63- ¿Por qué es el Evangelio de San Juan tan diferente de los otros Evangelios?
64- Cuando Jesús fue tentado por el demonio, ¿fue tentado de verdad o únicamente en su mente?
65- ¿Quién es, o cómo es, el demonio?
66- ¿Quién puede arrojar demonios hoy día?
67- ¿Por qué permite Dios que haya tanto mal en el mundo?

68- ¿Es verdad que Jesús prefirió a los pobres y que no quiso a los ricos?
69- ¿Por qué la Iglesia no cree en la reencarnación si los partidarios de esa doctrina se apoyan en Mt 11,14?
70- ¿Es verdad que se pueden aparecer los muertos?
71- ¿Por qué no se perdona la blasfemia contra el Espíritu Santo?
72- En la comunión, ¿comemos el Cuerpo y bebemos la Sangre de Cristo o solamente recibimos a Jesús de una manera espiritual?
73- ¿Por qué hay que llamar padre al Papa y a los sacerdotes si Jesús lo prohibió?
74- ¿Es verdad que al fumar y beber manchamos el templo de Dios que es nuestro cuerpo?
75- ¿Qué dice la Biblia sobre la ordenación sacerdotal de las mujeres?
76- ¿En qué lugar de la Biblia se habla de la confesión?
77- ¿Dónde dice la Biblia que en Dios hay tres personas?
78- Teniendo en cuenta Lc 6,24, y otros muchos pasajes ¿se podría concluir que la Biblia condena a los ricos?
79- ¿Hay base en la Biblia para decir que Jesús quiso tener un Papa en su Iglesia?
80- ¿Por qué en la Iglesia ya no hay profetas como en la Biblia?
81- ¿Qué significa la aparición de Moisés y Elías en la transfiguración de Jesús?
82- ¿Cómo será el Juicio Final si los condenados ya están para siempre en el infierno, y los santos ya están en en Cielo?
83- ¿Cómo será el Juicio Final de Mt 25,31? ¿Cómo sucederá eso si los condenados ya están en el infierno?
84- ¿Por qué lloró Jesús si sabía que Lázaro iba a resucitar?

85- Si siempre habrá pobres, ¿cómo vamos a quitar la pobreza? (Jn 12,8)
86- ¿Sí Cristo murió el día 8 de abril, por qué la fecha de la Semana Santa cambia casi todos los años? ¿No debería ser siempre la misma fecha?
87- ¿Quién fue el discípulo amado de Jesús? Algunos dicen que no fue Juan.
88- ¿Fue Jesús crucificado con clavos o solamente atado a la cruz?
89- ¿Qué significa que Jesús "descendió a los infiernos"? Ver Ef 4,9; 1 Pe 3,19; 4,6
90- ¿Cómo es que ahora se da tanto el don de lenguas?
91- Jesús envió a los apóstoles a predicar y a bautizar. Si solamente se puede predicar a los mayorcitos, ¿por qué, pues, bautizar a los niños, a los que no se les puede predicar?
92- ¿Podemos saber cuando será la segunda venida del Señor?
93- Hay personas que dicen que no veremos a Cristo cuando él venga. ¿Vamos a ver a Cristo cara a cara, como dice la primera carta a los Corintios (13,12), o sólo se trata de una manera simbólica de hablar?
94- ¿Por qué los escritores del Nuevo Testamento son tan antijudíos si por otra parte dicen que hay que amar a todos, incluso a los enemigos?
95- ¿Dónde se basan los dogmas católicos sobre María (la Inmaculada Concepción y la Asunción) si no están en la Biblia?
96- ¿Dice la Biblia que vamos a resucitar con el mismo cuerpo que tenemos ahora?
97- ¿Quién es el anticristo? ¿Cómo será reconocido?
98- ¿Qué dice la Biblia sobre el infierno, el limbo y el purgatorio? Hay quienes dicen que los inventaron los predicadores para asustarnos.

99- ¿Es verdad que la bestia del Apocalipsis es el Papa de Roma?
100- ¿Es verdad que en la Biblia a Roma la comparan con Babilonia a causa de sus pecados?
101- ¿Qué criterios hay que tener en cuenta para entender el Apocalipsis?